的辩证关系。非身在其中，难以知味；但陷在其中，又往往不觉其味。

何以见得？最典型者表现在证券发行市场上。几年前我曾经提出"IPO 悖论"，正是股票发行市场的自相矛盾、似是而非现象的总结。中国某个地方的真正优秀的企业如果要争取上市，眼前横亘着两大关口，一道是政府审批关，一道是市场考验关，往往过了前一关，第二关的"天时地利人和"的时机失去了，能够过了两大关的企业可能只有 1% 的成功率，真是"一将成名万骨枯"。

就谈第一道关：政府审批关。某个优秀的地方企业面对的是三座大山：第一座是包括中央政府的各个机构；第二座是省、市一级政府的各个机构；第三座是有关中介机构（如审计机构、评估机构、法律机构、承销机构、公关顾问等），他们都依附在政府身上享有某些行政特权。就谈第一座大山，一般由三座山峰组成（例如三个政府部门），每个部门都会有三级机构（例如部、局、处级机构）"经手"申报企业的材料，其中一级（例如"处"）就会有三个平行机构的话语权，每级又会有三层级别的人（例如处长、副处长、主办人）过手；要"活动"每一个人都要经过三个与的"中间人"穿针引线；每结识一个人都要应酬三次，每次应酬（__、喝、玩、乐带出差费用）平均在 3000 元以上。这样就要花费（$3^7 \times$ __）= 6561000 元。

__是我所总结的"溜不溜"（谐音"656"万元）现象。企业就像__们反复"遛弯儿"。这 656 万元只是台面上花的钱，都是有发__，如果加上台底下花的钱，则可能要加 10 倍（且看"王小石__这个企业"溜顺"了，有幸成功上市，那么这笔几千万的__主体的账，就必然引起做假账；或者入控股股东的账，就__上市公司的利益，以符合其经济利益补偿的原则。这些费__围绕"行政特权"展开的，在经济学上就叫做"租__做"寻租"（Rent Seeking）。

__"租金"，必然就要争取"超额利润"。于是乎，整__价（计划价）与交易价（市场价）之间必须有巨__ad）。既得利益阶层就可以从中各得其利，从而__业，在现有体制下只能"愿打愿挨"。

__请上市，在证明其"真正优秀"的过程中，

北大投资银行学丛书
INVESTMENT BANKING LIBRARY OF PEKING UNIVERSITY

何小锋 / 主编

PE价值创造
理论·技术·案例
PE Value Creation
Theory · Technology · Cases

刘媛媛／著

中国发展出版社
CHINA DEVELOPMENT PRESS

图书在版编目（CIP）数据

PE 价值创造：理论·技术·案例/刘媛媛著.—北京：
中国发展出版社，2012.7
（北大投资银行学丛书/何小锋主编）
ISBN 978-7-80234-809-7

I. P… Ⅱ. 刘… Ⅲ. 金融投资—研究—中国 Ⅳ. F832.48

中国版本图书馆 CIP 数据核字（2012）第 166177 号

书　　　名：PE 价值创造：理论·技术·案例
著作责任者：刘媛媛
出版发行：中国发展出版社
　　　　　（北京市西城区百万庄大街 16 号 8 层　　100037）
标准书号：ISBN 978-7-80234-809-7
经 销 者：各地新华书店
印 刷 者：北京科信印刷有限公司
开　　本：700mm×1000mm　1/16
印　　张：14.25
字　　数：180 千字
版　　次：2012 年 7 月第 1 版
印　　次：2012 年 7 月第 1 次印刷
印　　数：1—5000 册
定　　价：40.00 元

联系电话：(010) 68990630　68990692
网　　址：http://www.develpress.com.cn
电子邮件：bianjibu16@ vip. sohu. com

总·序
Preface

　　在经济科学中，金融学无疑是最显赫的富矿，而以研究资本市场的运□□作为主旨的投资银行学，则是其中最璀璨夺目的宝石。然而这门学科引□□中国不过十年时间，其华丽的外表、复杂的内涵，至今让人难识真□□有待于莘莘学者去不断挖掘。

　　作为一门新兴学科，投资银行学在理论上研究投资学、公□□本市场理论、金融中介理论、金融发展理论、公共政策理□□论等学科；在业务上，投资银行学研究证券的发行与交□□托投资基金、资产管理、金融衍生工具、资产证券□□在方法上，投资银行学运用各种经济计量与统□□比较分析等复杂手段。可以说，投资银行学□□专业性与多样性和谐统一的典型知识领域□□

　　纵观中国资本市场 15 年的发展□□什么是"渐进式"？坊间有很多描□□平衡与不平衡的交替发展的□□下，作出某些资本市场的□□益获得者自然要维护这□□此格局的发展充满□□不平衡因素，新□□场的创新形成新的□□

　　这种渐进式是□□

被这么反复"遛弯儿"（其实是一种折磨），人财物颇有损耗，等到证明完毕——批准上市时，这个企业已经是满身伤痕，它已不是"真正优秀"的企业了。所以这个冠冕堂皇的"证优"过程其实是"证伪"过程——这就是"IPO 悖论"！

假如这个企业真有"不败之身"，能够持续优秀，从而符合"配股"条件，则其大股东（国有股、法人股的股东）则可能要花 10 元/股的价格（稍低于市场价，后者可能是 12 元）买配股；但是如果他以后要卖这些股，只能以 3 元/股的价格（以每股净资产考虑定价）。这么离奇的事，在我们的制度框架下，被各方认为是"无异议"的。这种格局显然蕴藏着不平衡的因素，因而是暂时的，必然要被新的格局所取代。时代毕竟是进步着的，不断的创新是资本市场的生命力，我们的资本市场只能用这么一句话来总结："前途是光明的，道路是曲折的。"

总体上的"螺旋式上升"，不排除在局部上可能表现出某种倒退。例如，中国产业投资基金的"创新"路程就更艰难。某种程度上说，与其说目前中国产业投资基金有待"创新"，还不如说有待于"复辟"。因为，现在基本上是空白状态的产业投资基金在 13 年前就已产生，当时以"淄博基金"为代表的"老基金"就有 60 多个，分布在全国各地。"中农信淄博乡镇企业投资基金"是 1992 年由国家主管部门——中国人民银行批准成立的、在上海交易所上市的产业投资基金，我曾经是它的策划人、申报文件的主要起草人之一。而现在正在难产的产业投资基金管理办法，即使出台了，也做不到 13 年前的公募发行和上市交易。这是为什么？说白了，利益——特权格局已经变化了，僵住了。

什么是大学问？研究史无前例的中国特有的资本市场的原创性理论，能够扎扎实实地解决中国的实际问题的策略，就是大学问。这是中国经济学家的历史使命和挑战。套用一句马克思引用《伊索寓言》的话说："这里就是罗陀斯，就在这里跳吧！"

从 90 年代初开始，北京大学的教师和研究生们就开始研习投资银行知识。他们不仅如饥似渴地吸吮来自外国的相关知识，研究中国资本市场的特性，甚至亲赴实践领域学习操作，推动中国资本市场的拓展。正是这种长期"只顾耕耘，不问收获"的精神，使投资银行学在北京大学的课堂上，成为一门以理论的原创性和案例的亲历性相结合的经典课程。我们总结的"以资产经营的一般模式为基石，以对企业和资产的现金流进行分析为中心，以广义资产证券化和企业重组为两条主线，以投资银行的内部管理和外部监管为两条辅线"的投资银行学理论体系和框架，声名渐远，广受认同。

本丛书包含投资银行学最具特色的几个专题，作者群是北京大学的教授、博士生导师和金融学博士的组合，亦是长期的理论研究和实践经验的结晶。我们推出这套丛书，作为北京大学金融学研究生、本科生和进修生重要课程的总结，祈望与同行们及有志者交流，并得到积极的反馈和升级。

感谢中国发展出版社的编辑们的辛勤工作以及广大读者的热心支持！

何小锋
2005 年末于未名湖东畔

目·录
Contents

中国股权投资基金业最近几年在全球发展速度最快，业绩最佳，成为中国金融改革发展的一个重要行业。PE以培育创新企业实现资本增值及退出为目的，以循环投资的方式进行资本运作，是科技与金融、产业与资本相结合的产物。股权投资基金作为一种高风险、高收益的投资方式，对深化金融体制改革、增强企业核心竞争力、推动科技发展和社会进步，都具有非常重要的影响和作用。

我国的PE起步于20世纪80年代。1985年，中共中央在关于科技体制改革的决定中指出："对于变化迅速、风险较大的高技术开发工作，可以设立创业投资给予支持。"1985年9月，国务院批准成立了中国第一家风险投资公司——中国新技术创业投资公司。1992年，我所担任顾问的中农信"淄博乡镇企业投资基金"成功发行并在上海交易所挂牌交易，表明了中国PE业的正式起步。进入21世纪，我国的PE迅速发展起来，逐渐形成"PE热"。2011年全年披露PE投资案例404起，投资总额290.15亿美元。目前，我国是仅次于美国的全球第二大PE市场。

中国为什么要发展PE？第一，PE可以筛选并投资优质的企业。PE作为机构投资者，通常由具备丰富的行业经验和资本运作经验的人才组成，PE 通过考察筛选有发展潜力的企业进行投资。第二，PE 推动优质企业的发展。PE 不仅为企业提供资金支持，还为企业提供各种增值服务，帮助企业发展壮大，PE 能够促进资源的优化配置，推动企业发展和行业整合。第三，PE 的发展有助于促进我国多层次资本市场体系的建立。PE 能够为很多难以通过银行贷款等传统方式获得融资的企业提供资金支持，与企业展开密切的合作，有助于提高金融市场的运作效率。

目前，我国 PE 的发展态势已经成为全球亮点，投资规模位居亚洲首位。在我国 PE 发展初期，占据主导地位的是外资 PE。随着我国 PE 行业的不断发展，本土基金管理公司队伍迅速壮大，本土 PE 机构实力不断增强，形成了与外资 PE 平分秋色的态势。同时，政府引导基金成为推动这个行业发展的重要力量，形成了"国进民进"的新模式。代表国有资产的政府引导基金将资金投给 PE，PE 选择企业进行投资，这些企业大部分是民营企业，这些民营企业得到了发展，价值得到了增长。企业、PE 机构、政府的引导基金共同分享企业成长带来的收益。

近几年，我国政府大力推进投资体制改革，促进 PE 行业的发展。积极研究、解决 PE 发展中的实际问题，总结 PE 的成功经验，建立完善的 PE 运行规则，并为 PE 的发展献计献策，对我国 PE 行业的发展和实体经济的发展有着重要的意义。

刘媛媛博士是我所带领的北大 PE 研究团队的重要成员，她结合自己多年的金融理论学习和实践经验，在 PE 领域提出了一些有价值的思想。这本书在相关理论研究的基础上，结合案例分析，探讨我国 PE 发展模式。同时采用实证研究方法，运用比较分析法和归纳分析法得出相应的结论，从多个角度研究了 PE 与被投资企业的关系，对 PE 的价值创造进行了完整、深入的研究和探讨。

我国正处于经济高速发展和经济转型时期，深入了解 PE 的价值创造问题，将对我国的经济发展和转型发挥关键的作用。这本书从理论和实践上阐述了 PE 的价值创造，对于 PE 的理论研究者、实务操作者、PE 管理者和创业者，都有一定的参考价值和借鉴意义。作为媛媛的研究生导师，我非常欣喜地看到她的成长和取得的成绩，希望媛媛博士结合西方成熟的 PE 发展模式和我国 PE 的实际情况，继续深入展开研究并在实践中应用，为我国经济的未来发展贡献力量。

何小锋

2012 年 6 月

第一章

股权投资基金概述

- 1　股权投资基金介绍
- 2　各国股权投资基金发展历史与动态

1. 股权投资基金介绍

① 股权投资基金的产生与发展

股权投资基金（Private Equity，简称 PE）作为一种金融创新和产业创新的结果，是近年来全球金融市场出现的重要现象，是 20 世纪以来全球金融领域最成功的创新之一。股权投资基金通过私募形式对企业进行投资，投资对象主要是非上市企业的股权，并在交易实施过程中附带考虑了未来的退出机制，即通过上市、并购或管理层回购等方式，出售持股获利。

股权投资基金不同于其他投资组织，具有与众不同的投资形式，不仅为被投资企业提供资金支持，而且还为被投资企业提供管理、财务、战略规划等方面的支持，利用自身的资源和优势为被投资企业提供各种增值服务，从而成为金融市场中一个独特的投融资渠道。股权投资基金在国民经济中担任着越来越重要的角色，在创业投资、成长投资、夹层投资、过桥投资和并购投资等领域都发挥着重要的作用，是继银行信贷和证券市场之后的又一个融资市场。

一批创业企业在股权投资基金的支持和帮助下发展壮大、走向成熟，许多股权投资基金参与投资的创业企业在较短时间内成功地实现了 IPO 上市，在资本市场上获得了更大的发展。股权投资基金在并购领域内的作用同样不可忽视，它不仅能够改善企业的治理结构，而且还促进资源在不同公司之间的优化分配，优化资源的配置渠道，同时能够促进经济增长并创造社会价值。股权投资基金发展速度之快，来势之凶猛，一个个股权投资行业的投资收益奇迹让大家越来越关注这个行业，更多的资金向股权投资行业抛来橄榄枝。

股权投资基金起源于美国，经过长期的发展，美国股权投资行业形成了成熟的股权投资运作模式，有效的投资机制，以及完善的专业中介服务体系，这极大地推动了美国经济的发展，使之成为世界其他国家股权投资行业借鉴的对象，股权投资基金迅速扩展到欧洲大陆、英国以及亚洲地区，美国股权投资行业的发展带动了世界各国股权投资行业的发展。

中国的股权投资基金始于 20 世纪 80 年代，1985 年国家科委、财政部共同出资成立的中国新技术创业投资公司标志着中国股权投资行业的起点，然而开始运行效果并不理想，致使本土股权投资基金发展缓慢，市场上占据主导地位的仍是外资股权投资基金。直到 2003 年，随着一批专业化、市场化的股权投资基金开始在市场上出现，中国的股权投资行业才迅猛地发展起来。很多资金发现机会后，都迅速涌入这个动辄就创造投资收益奇迹的行业，从 2003 年的几乎为零发展到 2011 年全年披露 PE 投资案例 404 起，投资总额 290.15 亿美元的庞大规模①。

目前，活跃在中国市场上的股权投资基金主要有三类。第一类是国外的股权投资基金，例如高盛、凯雷、KKR、百仕通等。第二类是国有资金主导的股权投资基金，例如渤海产业投资基金、中央汇金投资有限公司、深圳市创新科技投资有限公司等。第三类是民间资本主导的股权投资基金，例如红鼎创业投资有限公司、南海成长创业投资合伙企业等。

股权投资基金对各国经济尤其是中小企业的发展具有很好的推动作用，在国民经济中发挥着重要的作用。股权投资基金通过自身的资金和增值服务，把未上市的新兴企业培育成为优质公司或上市公司，从而获得较大收益并且创造价值。

---

① 数据来源于 China Venture。

②　股权投资基金的特点

PE 作为一种新兴的直接投资金融工具，具有机制优势和操作模式上的优势，PE 充分地把资金和人力资本有效结合，即将"融资"与"融智"相结合，从而提高效率，创造价值。与其他金融工具相比，PE 具有以下特性。

第一，PE 具有投资期限长，流动性差的特性。PE 主要投资未上市企业的股权，与其他投资方式相比，PE 投资的存续时间比较长，通常为 5~7 年，并且缺乏公开、完善的股权交易市场，流动性较差。

第二，PE 具有非公开的特性。在资金募集过程中，主要是通过私募方式，面向少数机构投资者或特定的个人进行资金的募集，它的销售和赎回也都是股权投资家与投资者通过私下协商而达成一致。在投资过程中，也是以私募方式进行，股权投资家通过筛选、考察目标企业，与目标企业管理者私下沟通、洽谈，充分了解目标企业情况，做出投资决策，从而实现投资，整个过程中很少涉及公开市场的操作，一般无需披露交易细节。

第三，PE 具有信息不对称的特性。由于 PE 的非公开特性，使得其信息不对称的问题更加明显。一方面，PE 在融资时，投资者与股权投资机构存在着信息不对称，投资者未必能全面了解股权投资机构的真实情况。另一方面，PE 在投资时，由于 PE 投资的企业通常是未上市的企业，因此企业的主要数据资料是非公开的，股权投资机构与被投资企业之间也存在着信息不对称，股权投资机构在选择和考察项目、对项目进行价值评估时，可能会由于信息不对称问题使得其对被投资企业难以进行准确的评估和判断。

③　股权投资基金的四个环节

股权投资基金的发展是企业的需要、投资者的需要、市场的需要，股权投资机构与目标企业的合作实现了资本和产业的有效对接，股权投资基金的价值链包含四个环节，分别为融资、投资、管理、退出。

在融资阶段，股权投资机构作为普通合伙人（GP）向有限合伙人（LP）募集资金，LP 会根据 GP 过往的投资业绩和价值表现对其进行判断和评估。

在投资阶段，股权投资机构在选择项目进行投资时，对企业进行初步筛选、尽职调查、价值评估、与企业谈判、做出投资决策并签订投资协议，将资金投入企业中。

在管理阶段，股权投资机构除了提供资金以外，通常还会参与被投资企业的经营管理，帮助企业提高其财务管理水平、完善治理结构、健全激励约束机制，从而提高企业竞争力，帮助其实现价值增值。

在退出阶段，被投资企业实现价值增值后，股权投资机构通过投资退出实现其价值，获得投资收益。

股权投资基金的实际操作虽然被划分为融、投、管、退四个环节，但实际上这四个环节是紧密相连的，比如在融资阶段就需要考虑投资对象，在投资阶段就需要考虑退出安排等等。

2. 各国股权投资基金发展历史与动态

在国际资本市场上，特别是进入 21 世纪以后，股权投资行业发展迅速，成为继银行信贷和证券市场之后的又一个融资市场和重要融资手段。下面主要对美国、欧洲、日本及我国股权投资业的发展情况进行介绍。

【1】美国——股权投资基金的起源地和领航者

美国股权投资基金的活动可以追溯到 19 世纪末期，当时有不少富有的私人银行家，通过律师、会计师的介绍和安排，直接将资金投资于风险较大的石油、钢铁、铁路等新兴产业中，从而获得高额回报。这类投资完全是由投资者个人自行决策，没有专门的机构进行组织。

现代意义上专业化和制度化的股权投资基金形成于二次世界大战后。第一家正式的股权投资机构美国研究与发展公司 ARD（American Research and Development）在 1946 年成立。波士顿联邦储备银行主席 Ralph Flanders 首先提出了建立风险投资公司的想法，得到了哈佛商学院教授 Georges Doriot 的支持。在二战期间，波士顿地区的麻省理工学院（MIT）等大学开发了大批具有商业前景的技术，新技术商业化需要大量资金支持，而新办企业很难通过银行贷款等传统的融资方式获得资金支持。在这种情况下，Ralph Flanders 和 Georges Doriot 于 1946 年 6 月发起成立了美国研究与发展公司 ARD。建立 ARD 有三个目标：一是希望建立一种机制来吸引机构投资者，为新办企业和小企业融资问题提供新的解决方式；二是希望建立一个能够为新办企业提供资金和管理知识的机构，因为对于新办企业而言，管理知识和资金同样重要；三是培养适合新型风险投资的职业经理人。

在 ARD 成立后，美国一些富裕的家族也开始创设风险投资基金，向有增长潜力的新办中小企业投资，然而，资本供给远小于对资本的需求。在这种情况下，为了克服高技术创新型企业资金不足的障碍，美国国会通过了小企业投资法案（Small Business Investment Act），规定由小企业管理局审查和核发许可的小企业投资公司可以从联邦政府获得非常优惠的信贷支持，这极大地刺激了美国股权投资基金的发展。进入 60 年代，美国一批由股权投资基金投资的公司获得成长。1976 年，华尔街三名投资银行家克拉维斯（Henry Kravis）、罗伯茨

（George Roberts）、科尔博格（Jerome Kohlberg）合伙成立了一家投资公司 KKR，公司名称源于这三人姓氏的首字母。KKR 是以收购、重整企业为主营业务的股权投资公司。KKR 是美国最早和最大的股权投资机构之一。

股权投资业在最初发展的几十年中，流向股权投资市场的资金并不是很多。股权投资基金的活动在 20 世纪 80 年代得到了较大的增长。美国的养老基金等机构投资者逐渐取代个人和家庭投资人成为股权投资市场资金的主要来源。1992 年以来，美国经济的复苏再次带来了股权投资基金的繁荣，股权投资基金的筹资和投资活动逐渐增多。根据美国风险投资协会（NVCA）① 数据，1999 年全美风险投资额为 595 亿美元，2000 年时则达到了创纪录的 1030 亿美元。由于 2001 年互联网泡沫破裂，股权投资基金活动在 2002 年和 2003 年进入低谷，2004 年开始回暖。然而，由于受到 2008 年金融危机的影响，2008 年美国的风险投资额比 2007 年下降了 8%，约为 280 亿美元，2009 年为 177 亿美元，是 2000 年以来最低的一年。2011 年美国风险投资金额同比增长 22%，达到 284 亿美元。

美国的股权投资行业经过半个多世纪的发展，形成了一套比较规范、科学的运作机制，其特点可从以下五个方面体现出来。

①资金来源多样化。美国的股权投资资金主要来自机构投资者，其中养老基金是最主要的资金来源，其次是基金会和捐赠基金，再次是银行和保险公司，家庭和个人对股权投资基金的投入相对较少。

②组织形式以有限合伙公司为主。有限合伙制是美国股权投资机构采用的主流组织形式和制度安排。有限合伙制为大多数股权投资机

① 美国风险投资协会（NVCA，National Venture Capital Association）是美国最大的风险投资协会，会员均为风险投资公司，有 24 年历史，目前拥有 240 家会员（全美有 600 ~ 700 家风险投资公司），主要靠会费收入和一些专业会计师/律师事务所的募捐运作，后者捐款的目的是希望风险公司和风险企业成为他们的客户。该会现有 5 名工作人员，主要任务是代表会员游说政府，筹办每年一次的研讨会，编撰出版风险投资年度报告。游说政府的主要焦点是要求政府建立有利于高风险企业的管理条例，改革税制和法律构架，推行有利的外贸政策。这些游说活动通常与其他游说团体一起行动。

构采用，有税收方面的考虑，但其治理机制设计和制度创新才是胜出的关键因素。在此制度下设立的股权投资机构，投资人是有限合伙人，以其出资额承担有限责任，不直接参与基金管理；股权投资家是一般合伙人，承担无限责任，全面负责股权投资机构的管理。基于这样一个制度平台，双方通过创新性的契约条款设计来使双方最终的财务目标趋同。

③行业分布集中于新兴产业。与其他国家相比，美国的股权投资更明显地集中于高科技行业，在计算机软硬件、生物技术、医药、通信等行业的投资占其总投资的90%左右。这一方面是由于投资高新技术，一旦投资项目获得成功，股权投资基金将获得高额的投资回报，另一方面也反映了股权投资家对高新技术独特、专业的判断能力。

④投资地区分布相对集中。美国的股权投资有相当大的比重投向加利福尼亚州和马萨诸塞州，因为那里有世界著名的大学、良好的生活环境、众多的高质量公司、充分的投资资金、流动的劳务市场、完善的法律会计等。美国加州的硅谷被称为"创业者的天堂"，Google、HP 和刚刚上市的 Facebook 等世界著名公司就坐落于此。

⑤退出主要通过其股票的二板市场——纳斯达克（NASDAQ）市场。NASDAQ 是世界公认的高科技企业成长的摇篮，为股权投资基金的顺利退出提供了渠道。通过 IPO 的方式，股权投资家和投资者都能获得丰厚的收益。

【2】欧洲——稳健、传统的股权投资风格

欧洲股权投资市场是仅次于美国的第二发达的股权投资市场。欧洲股权投资业的发展，最早可以追溯到 1945 年英国清算银行和英格兰银行共同投资设立的 3i 集团（Inverters in industry，简称 3i），但早期的发展速度远不及美国。20 世纪 80 年代初的英国面临传统工业停滞不前、新兴产业发展滞后的困难局面，在这种情况下，英国政府决定由国家来扶植高新技术产业，支持银行、私人资本参与股权投资

业。欧洲的股权投资业也从这个时候开始兴起，在之后的十多年时间里取得了较大的发展，并逐步走向以资本市场为主导的经济发展模式。到 90 年代中期，欧洲股权投资的年投资额已超过 50 亿欧元，投资的项目在 5000~7000 个之间，其中 2/3 的项目投入到少于 100 人的小企业中，90% 的项目投入到少于 500 人的中小企业中。2000 年，欧洲股权投资基金进行了 350 亿欧元的投资，使欧洲成为仅次于美国的第二发达的股权投资市场。在欧洲的股权投资发展中，英国的股权投资基金业增长迅速且业绩表现良好，其次是快速发展的德国、法国。

欧洲股权投资基金的投资领域主要集中在企业扩张期和管理层收购，两项之和占股权投资的近 90%，而创业初期的投资不足 6%。欧洲股权投资基金与美国股权投资基金主要有以下不同。

①欧洲股权投资基金的资金来源以银行资金为主。美国股权投资基金的资金来源中，养老基金等机构投资者所占比重最高，而欧洲股权投资基金的主要资金来源是银行。由于资金来源的不同，使得欧洲股权投资基金与美国股权投资基金投资倾向有所不同。来自银行的资金更倾向于防范风险，而美国的股权投资基金则通常愿意承担更大的风险以期获得高额的回报。

②欧洲股权投资基金以投资传统业务为主。如前所述，欧洲股权投资基金来源以银行为主，投资更加保守，更注重风险控制。因此，在产业投资上，欧洲股权投资基金在制造业等传统业务上投入了较大比例的资金，对高科技产业的投资较少。而美国股权投资基金在高科技产业上的投资占有较大比重，高达 90%。

③欧洲股权投资基金的投资更加国际化。1990~2005 年，美国约有 1/3 的股权投资基金投资一家以上的国外企业，而同时期欧洲的股权投资基金大部分都有国外投资的记录。这是与欧洲的环境相关的，因为欧洲的国内市场规模较小，且欧盟国家一体化程度不断提高，这些都使得欧洲股权投资基金的投资更加国际化①。

---

① 《中国创业投资行业发展报告 2011》，中国计划出版社 2011 年版。

❸ 日本——股权投资行业在大起大落中逐渐走向成熟

日本的股权投资基金起步于 20 世纪 50 年代初，为了扶持高科技中小企业，日本于 1951 年成立了创业企业开发银行，向高技术创业企业提供低息贷款，从而开始了日本股权投资业的发展。1963 年，日本政府为了支持中小企业的发展，在东京、大阪和名古屋成立了三家官办的中小企业风险投资公司"财团法人中小企业投资育成社"，这标志着日本股权投资基金发展的起源。随后，日本政府采取了技术立国的方针，用科学技术进步推动经济发展，一些研究开发型和技术革新型的创业企业迅速发展。1972 年，日本第一家民办的风险投资公司——京都事业发展公司 KED 在京都成立，从而进一步推动了日本股权投资基金的发展。

日本的股权投资业经历了三次浪潮。第一次浪潮出现在 1970 年，这一时期成立的股权投资机构的特点是以大银行、证券公司出资为主。这些股权投资机构投资的行业分布广泛，并非仅集中于新兴产业上。在这一时期，没有成熟的资本市场环境面向新兴企业，而且企业上市的条件非常苛刻，股权投资机构从投资到资金回收要经过很长的时间，发展面临很多困难。同时，当时日本股权投资的理念也没有被社会所接受。1973 年石油危机到来，日本股权投资业的发展因受到冲击而停顿。

日本股权投资业在 20 世纪 80 年代初期出现了第二次浪潮。在经历了两次石油危机的冲击后，日本意识到产业发展的出路是通过技术革新来实现省能源和轻小化发展。这一时期成立的股权投资机构虽然仍以银行、证券公司出资为主，但也出现了一些以大企业和国外资本出资的股权投资机构。此次浪潮，股权投资业有力地支持了日本的电子、计算机、半导体、集成电路等产业的发展。

日本股权投资业的第三次浪潮在 1994 年出现。前两次浪潮是在日本经济高度发达、政府放宽金融政策并倡导产业转型的背景下产生的，而此次股权投资浪潮是在日本泡沫经济破灭后，经济开始衰退的背景下开始的。日本得出这样一个结论：发展新兴产业是使日本实现经济转型、解决就业问题、提高生产效率、增强国际竞争力、走出低迷的出路。日本在政府和民间的合作下发展股权投资行业，促进日本新兴产业的发展。

总体而言，日本股权投资基金主要具有以下特点。

①从资本构成看，证券公司、银行、保险公司等金融机构是股权投资基金的重要来源。日本的股权投资基金很多是大财团、银行、证券公司或贸易商的附属机构。

②投资领域广泛。日本股权投资基金所投资的行业比较广泛，不局限于高科技企业，而且投资的企业所在的发展阶段也相对分散，既有创业初期企业，也有成熟企业。

【4】 中国——股权投资快速成长的新兴市场

中国的股权投资业起步于 20 世纪 80 年代中期。1985 年，中共中央在关于科技体制改革的决定中指出："对于变化迅速、风险较大的高技术开发工作，可以设立创业投资给予支持。"1985 年 9 月，国务院批准成立了中国第一家风险投资公司，即中国新技术创业投资公司（以下简称中创），这是一家专营风险投资的全国性金融机构。中创通过直接投资、贷款、租赁、财务担保等方面的业务，为风险企业提供了支持，对中国的科技成果产业化作出了贡献。

同期，国外股权投资公司开始进军中国市场，由美国国际数据集团投资成立的中国第一家外资风险投资公司美国太平洋风险投资公司在 1992 年成立。

1995 年，我国通过了《设立境外中国产业投资基金管理办法》，鼓励国外风险投资公司对我国进行风险投资。

2006 年 12 月，中国第一支产业投资基金——渤海产业基金在天津设立，开启了中国人民币产业投资基金的先河。

2007 年，我国证监会批准中信证券和中金公司开展直接股权投资业务，允许这两家券商以自有资金设立子公司开展股权投资业务。

2008 年 4 月，全国社保基金获准自主投资经发改委批准的产业基金和在发改委备案的市场化股权投资基金，鼎晖投资和弘毅投资旗下的人民币基金首批获投。

2010 年 9 月，中国保监会公布的《保险资金投资股权暂行办法》中规定，保险公司投资未上市企业股权的账面余额，不高于本公司上季末总资产的 5%；投资股权投资基金等未上市企业股权相关金融产品的账面余额，不高于本公司上季末总资产的 4%，两项合计不高于本公司上季末总资产的 5%。由此，保险资金也吹响了进入股权投资市场的号角。

2010 年 12 月，中国首只国家级股权投资母基金——国创母基金成立。总规模 600 亿元人民币，首期 150 亿元，于苏州工业园区注册，由国开金融和苏州创投分别依托国家开发银行和苏州工业园区政府发起设立，分为 PE（国创开元股权投资基金）和 VC（国创元禾创业投资基金）两部分，主要投资对象是中国市场上优秀团队管理的人民币基金。

近年来，我国股权投资基金发展迅速，到 2011 年资金规模达到近 300 亿美元，很多创业企业在股权投资基金的支持下发展壮大，促进了我国经济的快速发展。

目前，活跃在中国市场上的股权投资基金主要有三类。

第一类是国外的股权投资基金，例如高盛、凯雷、KKR、百仕通等，他们不仅对中国创业企业、成长企业进行投资，还进行了大量的并购交易，参与国企的整合重组，取得了巨大的经济效益。

第二类是国有资金主导的股权投资基金，包括国家发改委试点审批的产业投资基金和政府主办的国有风险投资公司，典型的有渤海产业投资基金、中央汇金投资有限公司、深圳市创新科技投资有限公司等。这类股权投资基金一般资金规模比较大，投资对象主要是基础设施建设、大型水电工程等重大项目。

第三类是民间资本主导的股权投资基金，相对于前面两种股权投资基金，这类基金管理运营相对灵活，投资对象主要是中小企业以及民营企业，典型的有红鼎创业投资有限公司、南海成长创业投资合伙企业等。

【5】 PE 与其他融资模式的区别

按照募集资金的方式，资本市场的融资模式可以分为两种，分别为公募和私募，融资工具也可分为股权和债权两种。公募的股权市场即股票市场，是企业向公众公开发行股票。公募的债权市场即债券市场，资金供应者持有可流通的债权凭证，可以在二级市场上随时套现，也可以到期时由债券发行人还本付息。私募的股权市场即 PE，PE 是股权投资机构通过私募形式向企业进行投资，投资对象主要是非上市企业的股权，并在交易实施过程中附带考虑了未来的退出机制，即通过上市、并购或管理层回购等方式，出售持股获利。私募的债权市场即私募债务融资，是指融资人通过协商、招标等非社会公开方式，向特定投资人出售债权进行的融资，包括债券发行以外的各种借款。

表 1.1　　　　　　　　　　四种融资模式的比较

	私募方式	公募方式
股权融资	PE	股票市场
债权融资	银行信贷	债券市场

与其他三种融资方式相比，通过 PE 进行融资具有以下优势。

①成本比公开募集低。公开募集要花费高额的费用，包括注册费用、中介机构费用和承销费用等，而通过 PE 融资不需要注册，也不需要严格的评估审计和承销费用等，只需要股权投资家和创业企业家通过谈判确定投资事项。

②更加灵活，易于创新。PE 对企业的投资可以被设计成兼具股

票和债券特点的混合性证券，在投资回报要求、可转换性等方面具有更大的灵活性。相比之下，公开募集的证券虽然也在不断创新，但是条款设计更加规范，限制较多，灵活性相对较低。

③没有信息披露方面的要求。企业获得 PE 投资后没有信息披露方面的要求，不必像通过股票市场融资那样定期进行信息披露，有重要事项时也要及时披露，而这些信息可能本来属于企业的商业秘密，如果市场上的竞争对手和客户获得这些信息，可能会使企业在市场竞争中受到负面的影响。

④ PE 提供资金的同时，还提供其他增值服务。股权投资机构通过筛选、考察将资金投入目标企业，股权投资机构除了提供充足的资金支持外，还提供被投资企业需要的管理、财务、人事、市场等多方面的增值服务，帮助企业实现快速发展。因为股权投资机构的投资回报与企业的经营业绩密切相关，所以股权投资机构有充足的动力帮助企业发展，实现价值增值。

第二章

股权投资基金价值创造理论

1. 股权投资基金的双重委托代理理论

股权投资家向投资者募集资金，通过筛选、考察将资金投入有发展前景的企业，通过企业的运作实现资本增值，股权投资家实现其收益，并按照约定的比例对投资者进行收益分配。在股权投资家向投资者募集资金时，股权投资家拥有更多的信息，具有信息优势；在股权投资家向目标企业进行投资时，目标企业的管理者更了解企业的真实情况，具有信息优势。由于这两层关系中都存在着信息不对称，因此股权投资基金的运行中存在着双重委托代理关系。第一层是投资者将资金交给股权投资机构进行投资管理的融资阶段，第二层是股权投资机构将基金资产交给企业进行经营的投资阶段。

1 委托代理理论

在现代经济学中，"理性人"是做经济分析时关于人类经济行为的一个基本前提假定，经济活动中的人被假定是理性的，即经济决策的主体充满理性，所追求的目标是使自己的利益最大化。委托代理理论就是以完全理性为假定前提，基于授权而产生的一种契约关系。委托代理关系是经济生活中非常普遍的现象。根据 Jensen 和 Meckling（1976）[①] 的定义，委托代理关系是一种契约关系。在这种契约下，一个或多个行为主体（即委托人）聘用另一个行为主体（即代理人）代表他们来履行某些义务，同时赋予后者一定的决策权力，并依据其

---

① Jensen, M. C., Meckling, W. H., Theory of the Firm: Managerial Behavior, Agency Costs and Ownership Structure, Journal of Financial Economics, 1976, Vol. 3, No. 4, 305~360.

提供服务的数量和质量支付相应的报酬。在这种情形下，由于委托人和代理人的利益目标不一致、信息不对称和契约不完备，代理人可能会为了追求自身利益最大化而从事与委托人根本利益不一致的活动，于是便产生了代理人追求自身利益而损害委托人利益的"代理问题"。委托代理问题产生的原因之一是信息不对称，事实上，在经济活动中，由于信息不对称而产生委托代理问题是常常发生的。具有信息优势的一方称为代理人，比如企业的经理人；具有信息劣势的一方称为委托人，比如企业的股东。在理性人假设下，个人追求自身利益最大化，由于存在着信息不对称，代理人可能为了追求自身利益最大化而损害委托人的利益，便产生了委托代理问题。

委托代理问题通常分为两种类型，一是逆向选择，二是道德风险。其中逆向选择通常发生在签约前，而道德风险通常发生在签约后。

逆向选择是指由于交易双方信息不对称而产生的劣质品驱逐优质品，在金融市场上表现为寻求资金最积极并且最有可能得到资金的融资者往往具有更高的违约风险。具体而言，具有信息优势的代理人完全了解自身真实价值 V，而由于信息不对称，具有信息劣势的委托人无法获得单个代理人真实价值 V 的信息，仅知道代理人整体的平均价值 $\overline{V}$，因此委托人会根据代理人整体的平均价值 $\overline{V}$ 支付报酬。在这种情况下，自身真实价值 V 高于平均价值 $\overline{V}$ 的代理人的价值被低估，不愿意接受契约；而自身真实价值 V 低于平均价值 $\overline{V}$ 的代理人因为价值被高估更愿意留下。因此，接受契约的是那些自身真实价值 V 低于平均价值 $\overline{V}$ 的代理人，而这些人本来是委托人不希望委托的对象，这便是由于信息不对称而产生的逆向选择问题。

道德风险是指委托人选择代理人后，由于委托人不能完全地掌握代理人工作努力程度、工作能力等信息，即便是优秀的代理人也可能会利用自己所掌握的信息优势，为了追求自身利益最大化而损害委托人的利益，从而出现道德风险问题。道德风险产生的原因主要是来自主体利益的不一致性、信息的不对称性和契约的不完备性。首先，根据"理性人假设"，理性人是"有理性的、追求自身利益或效用最大化的人"。在委托代理关系中，委托人与代理人是不同的行为主体，两者都是为了追求自身利益最大化，而两者的利益目标函数是不完全一致的。委托人追求公司利润最大化从而实现自身利益最大化，代理人则更多的是追求个人收入最大化、拥有更大的权力以及更高的社会地位等。代理人可能为了追求企业短期高分红而放弃企业长期的利润最大化，为了权力的扩张而忽略企业运营风险的增大等。其次，委托人与代理人存在着信息不对称，代理人处于信息优势，他们更了解自己工作的努力程度、工作能力以及对风险的偏好和态度，而委托人则难以详细充分地掌握这些信息，因此处于信息劣势。另外，委托人和代理人之间的契约是不完备的，在签订合同的过程中，存在着交易成本，签订的契约难以准确描述和包含与交易相关的所有未来可能出现的状况，以及每种状况下契约双方的义务，因此难以避免道德风险的出现。

【2】股权投资的委托代理问题

股权投资的行为主体包括投资者、股权投资机构、创业企业。投资者向股权投资机构进行投资，股权投资机构经过筛选、考察将资金投入创业企业，通过创业企业的运作实现资本增值，股权投资机构实现其收益，并对投资者进行收益分配。在股权投资基金的运行过程中，资金的所有权与控制权分离，存在着双重委托代理关系。第一层是投资者将资金交给股权投资机构进行投资管理，第二层是股权投资机构将基金资产交给被投资企业进行经营。

一方面，投资者具有充裕的资金，希望找到具有发展潜力并能在未来实现高额回报的企业进行投资，但是由于缺乏专业知识和经验，所以通常并不适合直接面对创业企业进行投资。另一方面，创业企业在发展过程中，资金支持是很重要的因素之一，由于缺乏充足的资金支持，创业企业往往不得不放弃可能带来巨大收益的新技术的研究和开发，在很多情况下，资金的缺乏成为企业发展中的一个主要瓶颈。资金和有发展潜力的创业企业如何有效对接是一个很重要的问题，股权投资机构作为连接资金供给与需求的媒介，提高了资源配置的效率，帮助资金和有发展潜力的创业企业和项目实现了有效的对接。

股权投资机构一般由对特定行业富有相当专业知识和经验的产业界和金融界的精英组成，他们具有丰富的投资经验和行业知识，在筛选有巨大发展潜力的创业企业和项目中具有明显的优势。他们所具有的专业技能、经验积累、资本运作和资源配置能力使他们在管理企业上具有优势，他们利用长期积累的国际市场视野、管理经验、知识专长和战略资源帮助被投资企业设计清晰的商业盈利模式，让企业能够更快地发展、壮大。同时，他们为创业企业提供更为便捷和开阔的融资渠道，充足的资金支持有助于推动企业技术创新和发展，并最终带来企业价值的提升。

①股权投资基金的第一重委托代理关系——融资过程的委托代理问题

在融资过程中，投资者是委托人，股权投资家是代理人，这种委托代理关系依托股权投资机构而存在，由于信息不对称的问题，投资者不能在事前准确预计到股权投资家的真实经营能力和努力水平，就有可能产生道德风险；同时由于信息不对称，投资者有可能逆向选择股权投资家。因此，在股权投资基金的第一重委托代理中，逆向选择和道德风险这两类代理问题都有可能出现。

其一，融资过程的逆向选择问题。

在融资过程中，投资者具有充裕的资金，希望找到具有发展潜力和良好前景的企业进行投资，但是由于对企业所在的行业和领域缺乏专业知识和经验，所以不适合直接对创业企业进行投资，而是将资本委托给具有专业知识和投资经验的股权投资机构对资金进行管理和投资，从而实现资本的保值增值。因此，投资者对股权投资机构的选择至关重要，不同的股权投资机构的投资能力可能具有很大的差异，这将直接影响到投资者的投资收益，优秀的股权投资家能够降低投资风险，实现高额收益，使投资者的收益最大化。

由于不同的股权投资家的差异会直接影响到投资者的投资收益，所以投资者在选择股权投资家时非常慎重，希望选择那些优秀的股权投资家，具备较好的资金管理能力和较高的道德水平。但是由于信息不对称，投资者无法全面地了解股权投资家的专业管理水平和诚信程度。同时，股权投资家为了募集到更多的资本，往往会对投资者夸大自己的优势，隐瞒自己的劣势，夸大自己的专业能力、管理能力、资本运作能力、投资业绩和诚信水平等，并尽量隐瞒自身能力的欠缺、投资项目选择不当的投资经历等信息，使投资者选择了一些自我夸大而实际资本运作能力、管理水平和诚信程度与实际不相符的股权投资家。即由于股权投资家隐藏自身信息，可能投资者没有选出真正优秀的股权投资家，而是选择了能力低的股权投资家，于是产生了逆向选择问题。

其二，融资过程的道德风险问题。

在融资过程中，投资者选择了股权投资机构，将资金委托给股权投资机构进行管理和投资。然而投资者无法对股权投资家投资项目的选择以及每一个投资项目的具体操作情况进行完全的监控并掌握全部信息，因此股权投资家具有信息优势，即使是优秀的股权投资家也未必完全按照投资者的要求工作，以投资者的利益最大化为目标。事实上，他们可能利用自己对资金的实际控制权，架空投资者的控制和监督，以自身利益最大化为目标，使得投资者利益受损，于是在融资过程中产生道德风险问题。

投资者把资金投入股权投资机构委托其对资金进行管理和投资，资金的所有权和控制权分离，产生委托代理关系，作为出资方的投资者为委托人，对资金进行管理和投资的股权投资机构为代理人，构造投资者与股权投资机构的委托代理模型[①]。

---

① 徐玖平，陈书建："不对称信息下风险投资的委托代理模型研究"，《系统工程理论与实践》，2004年第1期。

变量 a 为股权投资家的努力水平；A 为股权投资家的能力水平系数；B 为一常数，代表股权投资机构的硬件实力；t 代表投资年限；I 代表投资者投入的资金量；ϕ 代表利润调节系数；ε 代表外生的不确定因素，符合均值为零、方差为 σ^2 的正态分布。股权投资机构的利润产出与上述变量相关，利润产出函数如下：

$$\pi = \phi t I(A + B)a + \varepsilon \qquad (2.1)$$

利润产出期望值为：

$$E\pi = \phi t I(A + B)a \qquad (2.2)$$

可见，股权投资机构的利润产出期望值由股权投资家的能力水平系数 A、代表股权投资机构硬件实力的常数 B 和股权投资家的努力水平 a 共同决定。

投资者和股权投资家签订如下显性委托合同：

$$s(\pi) = \alpha + \beta\pi \qquad (2.3)$$

其中 α 是股权投资家的固定收入，与利润产出 π 不相关；β（$0 \leqslant \beta \leqslant 1$）是对股权投资家的激励系数，表示利润产出中股权投资家获得的比例。具体而言，当利润产出 π 增加一个单位时，股权投资家的收入就增加 β 个单位。若 $\beta = 0$，则意味着股权投资家不承担任何风险，无论利润产出 π 如何，股权投资家的收入都固定为 α；若 $\beta = 1$，则意味着股权投资家承担全部风险，相应的也有全部剩余索取权。给定 $s(\pi) = \alpha + \beta\pi$，投资者的期望收入为：

$$E(\pi - s(\pi)) = (1 - \beta)\phi t I(A + B)a - \alpha \qquad (2.4)$$

同时，股权投资家的努力成本 $c(a)$ 可以用货币成本表示，定义 $c(a) = ba^2/2$，其中 b 为成本系数，于是得到股权投资家的实际收入为：

$$w = s(\pi) - c(a) = \alpha + \beta(\phi t I(A + B)a + \varepsilon) - ba^2/2 \qquad (2.5)$$

确定性等价收入为：

$$W = Ew - \rho\beta^2\sigma^2/2 = \alpha + \beta\phi tI(A + B)a - ba^2/2 - \rho\beta^2\sigma^2/2$$

$$(2.6)$$

其中，Ew 是股权投资家的期望收入，$\rho\beta^2\sigma^2/2$ 是股权投资家的风险成本，ρ 是股权投资家的绝对风险规避系数，$\rho > 0$ 表示风险规避，$\rho = 0$ 表示风险中性。

投资者追求自身利益最大化，即使其期望收入 $E(\pi - s(\pi))$ 最大化，股权投资家追求的利益最大化是使其确定性等价收入 W 最大化。

作为委托人的投资者面对来自作为代理人的股权投资家的参与约束（Participation Constraint）和激励相容约束（Incentive Compatibility Constraint）。其中参与约束又称为个人理性约束（Individual Rationality Constraint），简称 IR，具体而言，当委托人和代理人达成契约关系时代理人从履行契约中得到的期望效用不小于当委托人和代理人没有达成契约关系时代理人从市场中其他机会获得的期望效用的最大值，这个在市场中其他机会获得的期望效用的最大值称为保留效用，用 $\bar{w}$ 表示。

因此，若股权投资家的保留收入水平为 $\bar{w}$，则股权投资家的参与约束（IR）可以表述为：

$$W = \alpha + \beta\phi tI(A + B)a - ba^2/2 - \rho\beta^2\sigma^2/2 \geqslant \bar{w} \qquad (2.7)$$

即股权投资家与投资者达成契约关系时，股权投资家的收入水平不可能小于 $\bar{w}$，若其收入小于 $\bar{w}$，股权投资家会放弃与投资者的合作，而从市场中寻找其他机会。

激励相容约束（Incentive Compatibility Constraint）简称 IC，是指在所有的契约条件下，作为理性人的代理人追求自身利益最大化，代理人的行动 a 都是为了实现自身利益最大化而进行的。委托人和代理人的利益函数是不完全一致的，所以如果委托人希望代理人执行行动 a，那么就需要满足行动是使代理人效用最大化的行动 a 这一条件。也就是说，假设行动 $a' \in \Lambda$ 是代理人可以选择的行动，行动 a 是委托人希望代理人执行的行动，只有在代理人执行行动 a 得到的效用大于

等于执行行动 a' 得到的效用的情况下，代理人才会选择执行行动 a。

基于上述分析，股权投资家的激励相容约束可以表示为：

$$\alpha + \beta\phi tI(A + B)a - ba^2/2 - \rho\beta^2\sigma^2/2$$
$$\geq \alpha + \beta\phi tI(A + B)a' - ba'^2/2 - \rho\beta^2\sigma^2/2, \forall a' \in \Lambda \quad (2.8)$$

在这种情况下，理性的股权投资家会选择最佳的努力水平 a $(a \in \Lambda)$，使其收益最大化。

当投资者和股权投资家信息对称时，投资者可以充分了解股权投资家对投资项目的选择以及每一个投资项目具体操作的全部信息。在这种情况下，股权投资家不能为了追求自身利益最大化而任意选择努力水平和行动，此时激励相容约束失效，投资者的目标函数和股权投资家的参与约束（IR）如下：

$$\max E(\pi - s(\pi)) = \max[(1 - \beta)\phi tI(A + B)a - \alpha]$$
$$s.t. W = \alpha + \beta\phi tI(A + B)a - ba^2/2 - \rho\beta^2\sigma^2/2 \geq \bar{w} \quad (2.9)$$

股权投资家希望参与约束（IR）成立，因此上式取等号。

$$W = \alpha + \beta\phi tI(A + B)a - ba^2/2 - \rho\beta^2\sigma^2/2 = \bar{w} \quad (2.10)$$

代入目标函数，如下：

$$\max[(1 - \beta)\phi tI(A + B)a - \beta\phi tI(A + B)a - ba^2/2 - \rho\beta^2\sigma^2/2 - \bar{w}]$$
$$= \max[\phi tI(A + B)a - ba^2/2 - \rho\beta^2\sigma^2/2 - \bar{w}] \quad (2.11)$$

分别对 α 和 β 求一阶导数，如下：

$$\frac{\partial E(\pi - s(\pi))}{\partial a} = \phi tI(A + B) - ba = 0 \quad (2.12)$$

$$\frac{\partial E(\pi - s(\pi))}{\partial \beta} = -\rho\beta\sigma^2 = 0 \quad (2.13)$$

得到最优化条件：

$$\begin{cases} a^* = \phi tI(A + B)/b \\ \beta^* = 0 \end{cases} \quad (2.14)$$

带入式（2.10），解得：

$$\alpha^* = \bar{w} + ba^2/2 = \bar{w} + \phi^2 t^2 I^2 (A + B)^2/2b \qquad (2.15)$$

则最优合同为：

$$s^*(\pi) = \alpha^* + \beta^* \pi = \bar{w} + \phi^2 t^2 I^2 (A + B)^2/2b \qquad (2.16)$$

股权投资家努力的边际成本为：

$$c'(a) = (ba^2/2)' = ba^* = \phi t I (A + B) \qquad (2.17)$$

努力的边际利润产出期望效用为：

$$[E\pi(a)]' = [\phi t I (A + B) a]' = \phi t I (A + B) \qquad (2.18)$$

可见，当股权投资家努力的边际成本与其努力的边际利润产出期望效用相等时，可以达到最优的努力水平。

可以得出，投资者的期望效用为：

$$E^*(\pi - s(\pi)) = \phi^2 t^2 I^2 (A + B)^2/2b - \bar{w} \qquad (2.19)$$

股权投资家的实际收入为：

$$w^* = \bar{w} \qquad (2.20)$$

帕累托最优条件下股权投资家的努力水平 $a^* = \phi t I (A + B)/b$；$\beta^* = 0$，即股权投资家不承担任何风险；股权投资家的固定收入 α 等于股权投资家的保留收入水平 $\bar{w}$ 与努力成本 $c(a)$ 的加和；股权投资家的实际收入水平 w 等于其保留收入水平 $\bar{w}$。在投资者与股权投资家信息对称的情况下，投资者可以充分了解股权投资家的努力水平 a，如果股权投资家选择了行动 $a < \phi t I (A + B)/b$，投资者仅支付报酬 $\hat{\alpha}$（$\hat{\alpha} < \bar{w} < \alpha^*$）。因此，$\hat{\alpha}$ 只要足够小，股权投资家一定会选择 $a^* = \phi t I (A + B)/b$。

事实上，在大部分情况下，投资者选择股权投资机构，将资金委托给股权投资机构进行管理和投资，投资者无法充分了解股权投资家对投资项目的选择以及每一个投资项目具体操作的全部信息，双方存在着信息不对称，股权投资家具有信息优势，投资者具有信息劣势，投资者无法观测到股权投资家的努力水平 a，在这种情况下，激励相容约束有效。投资者追求利益最大化，即使其期望收入 $E(\pi - s(\pi))$ 最大化，表示如下。

$$\max E(\pi - s(\pi)) = \max\left[(1-\beta)\phi tI(A+B)a - \alpha\right]$$

$$s.t. \begin{cases} \alpha + \beta\phi tI(A+B)a - ba^2/2 - \rho\beta^2\sigma^2/2 \geqslant \bar{w} \\ \alpha + \beta\phi tI(A+B)a - ba^2/2 - \rho\beta^2\sigma^2/2 \\ \geqslant \alpha + \beta\phi tI(A+B)a' - ba'^2/2 - \rho\beta^2\sigma^2/2, \forall a' \in \Lambda \end{cases} \quad (2.21)$$

由上可知，此时参与约束和激励相容约束为：

$$(\mathrm{IR}): \alpha + \beta\phi tI(A+B)a - ba^2/2 - \rho\beta^2\sigma^2/2 = \bar{w} \quad (2.22)$$

$$(\mathrm{IC}): a = \beta\phi tI(A+B)/b \quad (2.23)$$

将式（2.22）和（2.23）代入目标函数，得到：

$$\max E(\pi - s(\pi))$$
$$= \max\left[\beta\phi^2 t^2 I^2(A+B)/b - \beta^2\phi^2 t^2 I^2(A+B)/2b - \rho\beta^2\sigma^2/2 - \bar{w}\right]$$
$$(2.24)$$

对 β 求一阶导数，如下：

$$\frac{dE(\pi - s(\pi))}{d\beta} = \phi^2 t^2 I^2(A+B)^2/b - \beta\phi^2 t^2 I^2(A+B)^2/b - \rho\beta\sigma^2 = 0$$
$$(2.25)$$

得到最优化条件：

$$\begin{cases} \tilde{\beta} = \dfrac{1}{1 + \rho b\sigma^2/\phi^2 t^2 I^2(A+B)^2} \\ \tilde{a} = \tilde{\beta}\phi tI(A+B)/b \\ \tilde{\alpha} = \bar{w} + ba^2/2 + \rho\tilde{\beta}^2\sigma^2/2 - \tilde{\beta}\phi tI(A+B)a \end{cases} \quad (2.26)$$

则最优合同为：

$$\tilde{s}(\pi) = \tilde{\alpha} + \tilde{\beta}\pi \quad (2.27)$$

股权投资家努力的边际成本为：

$$c'(a) = (ba^2/2)' = b\tilde{a} = \tilde{\beta}\phi tI(A + B) \qquad (2.28)$$

努力的边际利润产出期望效用为：

$$[E\pi(a)'] = [\phi tI(A + B)a]' = \phi tI(A + B) \qquad (2.29)$$

因为股权投资家是风险规避的，即 $\rho > 0$，由 $\tilde{\beta} = \dfrac{1}{1 + \rho b\sigma^2/\phi^2 t^2 I^2(A + B)^2}$ 可知，$0 < \tilde{\beta} < 1$。因此，股权投资家努力的边际成本小于努力的边际利润产出期望效用，没有达到最优努力水平 a^*，即 $\tilde{a} = \tilde{\beta}\phi tI(A + B)/b < a^*$，股权投资家的努力水平 $\tilde{a}$ 小于最优努力水平 a^*。

投资者期望效用为：

$$\tilde{E}(\pi - s(\pi)) = \tilde{\beta}\phi^2 t^2 I^2(A + B)^2/2b - \bar{w}$$

$$= \frac{\phi^2 t^2 I^2(A + B)^2}{2b(1 + \rho b\sigma^2/\phi^2 t^2 I^2(A + B)^2)} - \bar{w} < E^*(\pi - s(\pi)) \qquad (2.30)$$

股权投资家的实际收入为：

$$\tilde{w} = \bar{w} + \frac{\tilde{\beta}^2 \rho\sigma^2}{2} = \bar{w} + \frac{\rho\sigma^2}{2(1 + \rho b\sigma^2/\phi^2 t^2 I^2(A + B)^2)^2} > w^* \qquad (2.31)$$

由（2.30）和（2.31）可以看出，与信息对称的情况相比，在信息不对称的情况下投资者的期望效用更小，而股权投资家的实际收入更大。说明当投资者和股权投资家之间存在信息不对称的问题时，投资者的利益会受到一定程度的损害，而股权投资家的实际收入则会有所增加。投资者的代理成本为信息对称情况下的期望效用减去信息不对称情况下的期望效用，即式（2.19）减去式（2.30），得到：

$$E^*(\pi - s(\pi)) - \tilde{E}(\pi - s(\pi)) = \frac{\rho\sigma^2}{2b(1 + \rho b\sigma^2/\phi^2 t^2 I^2(A + B)^2)} \qquad (2.32)$$

②股权投资基金的第二重委托代理关系——投资过程的委托代理问题

股权投资机构获得风险资本后，需要寻找合适的企业和项目进行投资，股权投资基金给很多中小企业提供了更广阔的融资渠道，在股权投资机构给企业进行投资的过程中，存在着股权投资基金的第二重委托代理关系。在投资过程中，股权投资家是委托人，被投资企业家是代理人，股权投资机构对被投资企业进行筛选、考察和投资，股权投资机构无法全面了解被投资企业全部的真实信息，被投资企业具有信息优势，两者存在信息不对称，从而产生委托代理问题。

其一，投资过程的逆向选择问题。

股权投资机构从投资者手中募集风险资本后，需要选择合适的企业和项目进行投资，从而实现资本的增值。但因为股权投资机构选择企业进行投资时，两者存在着信息不对称，所以可能会出现逆向选择的问题。也就是说，股权投资机构选择企业时，很难准确地了解企业的全部真实信息，只能了解行业或项目的平均质量情况。通常来说，不同质量的企业具有不同的融资成本。对于投资方而言，质量较好的企业具有较低的风险和理想的投资回报预期，因此投资方更愿意参与这类企业的投资，并要求相对较低的风险补偿，因此质量较好的企业具有更广阔的融资渠道以及较低的融资成本；反之，那些质量较差的企业具有较高的风险，因此融资难度较大，且融资成本较高。对于股权投资机构来说，在选择企业进行投资时，如果企业质量较好，则风险较低，股权投资机构也会要求较低的风险补偿；而如果企业质量较差，则风险较高，股权投资机构就会要求较高的风险补偿。在信息对称的情况下，因为股权投资机构了解各个企业和项目的真实质量情况，因此会以此为依据要求不同的风险补偿。在信息不对称的情况下，股权投资家无法掌握单个企业和项目的真实质量信息，于是他们会根据企业和项目所在行业的平均质量情况要求风险补偿。也就是说，对于那些质量高于平均质量的企业和项目而言，股权投资机构要求的风险补偿高于在信息对称情况下应对它们要求的风险补偿，也就是提高了它们使用风险资本的成本。对于这些企业来说，它们具有更广阔的融资渠道、较低的融资成本，有更大的可能性可以通过其他融资渠道获得成本较低的融资，因此这些质量较高的企业和项目可能会放弃股权投资机构的投资。但对于那些质量低于平均质量的企业和项目而言，股权投资机构要求的风险补偿低于在信息对称情况下应对它们要求的风险补偿，也就是降低了它们使用风险资本的成本，而这些企业本身具有较高的融资成本，因此，这些企业和项目更渴望获得股权投资机构的投资。于是，股权投资机构选择了那些质量较差的企业，出现了逆向选择的代理问题。

其二，投资过程的道德风险问题。

股权投资机构向被投资企业提供资金，在投入资金、企业开始运作之后仍存在着信息不对称。股权投资家不可能完全参与被投资企业的生产经营和具体管理，被投资企业管理者在企业技术开发、经营管理等方面具有信息优势。在信息不对称的情况下，企业管理者可能会为了追求收入的提高、权力的扩张、社会地位的提高等自身利益，在资金使用和投资规模等方面做出与股权投资机构利益不一致的行为。也就是说，被投资企业管理者可能会以自身利益最大化为目标，使得股权投资机构利益受损，从而在投资过程产生道德风险问题。

【3】 股权投资委托代理问题的解决方式

如前所述，股权投资基金存在着双重委托代理关系。第一层是投资者将资金交给股权投资机构进行投资管理，投资者与股权投资家之间的委托代理关系；第二层是股权投资机构将基金资产交给企业进行经营，股权投资家与被投资企业管理者之间的委托代理关系。在融资过程中，投资者难以全面准确地获知股权投资家的真实经营能力、努力水平和资本运作情况，股权投资家具有信息优势，双方存在着信息不对称。在投资过程中，股权投资家对被投资企业进行筛选、考察和投资，股权投资家无法全面地了解被投资企业全部真实信息，被投资企业具有信息优势，两者存在着信息不对称。通过建立和完善股权投资基金的治理机制，股权投资基金的代理问题可以得到解决。

①建立融资机制解决融资过程中的委托代理问题

在股权投资基金的融资阶段，投资者是委托人，股权投资家是代理人，由于信息不对称的问题，投资者有可能逆向选择股权投资家。在投资者选择了股权投资家并进行投资后，由于投资者无法掌握股权投资家对每个投资项目的具体操作及努力水平的全部信息，因此可能产生道德风险，也就是融资前的逆向选择和融资后的道德风险问题。为了较好地协调投资者和股权投资家之间的利益，使股权投资基金顺利运行，必须建立合理的治理机制，促进投资者和股权投资家的激励相容。

第一，解决融资过程可能出现的逆向选择问题。

投资者与股权投资家之间是一种委托代理关系，根据新制度经济学的契约理论，在信息不对称的情况下，可以依据信号甄别模型来解决投资者在选择股权投资家时可能出现的逆向选择问题。由于投资者与股权投资家信息不对称，股权投资家充分了解自己的资本运作能力、管理能力、专业技能和投资业绩，而投资者无法完全获得这些信息，投资者希望通过信号甄别机制来了解股权投资家的情况。投资者与股权投资家签订契约，当股权投资家根据自身的能力选择满足自身效用最大化的契约后，如果该契约同时也使投资者实现了效用最大化，该契约就是均衡契约。投资者依据信号甄别机制选择股权投资机构的过程中，可以结合内部信息和外部信息对股权投资家进行客观的评价，帮助投资者选择合格的股权投资家。

其一，建立基于内部信息的信号甄别机制。

在投资者与股权投资家的委托代理关系中，投资者是委托人，股权投资家是代理人，可以依据信号甄别功能来解决投资者在选择股权投资家的过程中可能出现的逆向选择问题。当股权投资家选择实现效用最大化的契约同时满足投资者效用最大化，即为均衡契约。在依据信号甄别机制选择股权投资家的过程中，可以依据内部信息对股权投资机构进行客观评价，从而对股权投资家进行有效识别。

　　在依据信号甄别机制选择股权投资家的过程中，可以通过报酬甄别模型了解和识别股权投资家。Gibbons 和 Kevin（1992）[①] 提出，报酬甄别模型可以较好地实现信号甄别功能，投资者和股权投资家信息不对称，股权投资家具有信息优势，投资者具有信息劣势，股权投资家对自己的项目筛选能力、资本运作能力、企业管理能力、努力程度和诚信水平等具有充分的了解，而投资者无法完全掌握这些信息。在签订契约时，由于能力较高的股权投资家对自己的资本运作和资本增值能力更有信心，因此他们更希望自己的报酬与未来的投资业绩密切相关，与固定收入相比，他们更关注利润的增加能够分享的比例；而能力较低的股权投资家具有较差的资本运作和资本增值能力，他们不愿意承担投资项目失败的风险，因此更关注固定收入部分，不希望自己的报酬与未来的投资业绩密切相关。基于此，采用报酬甄别模型，在契约中制定不同的报酬方式，便可以对股权投资家进行有效识别。

　　用表示股权投资家的类型，如前所述，$\alpha(\theta)$ 是股权投资家的固定收入，$\beta(\theta)$ 为对股权投资家的激励系数，表示利润产出中股权投资家获得的比例。具体而言，当利润产出增加一个单位时，股权投资家的收入就增加 $\beta(\theta)$ 个单位。若 $\beta(\theta)=0$，则意味着股权投资家不承担任何风险；若 $\beta(\theta)=1$，则意味着股权投资家承担全部风险并享受全部收益。报酬甄别模型中的二维决策向量为 $\{\theta, s(\theta, \pi)\}$，其中 $s(\theta, \pi)$ 是投资者支付给股权投资家的报酬，式（2.3）可写为：

$$s(\theta, \pi) = \alpha(\theta) + \beta(\theta)\pi \qquad (2.33)$$

投资者期望收入为：

$$E(\pi - s(\theta, \pi)) = (1 - \beta(\theta))E(\pi) - \alpha(\theta) \qquad (2.34)$$

投资者期望效用最大化，即为：

---

　　① Gibbons, R., Murphy, K., Optimal Incentive Contracts in the Presence of Career Concerns: Theory and Evidence. Journal of Political Economy, 1992, Vol. 100, No. 3, 468～505.

$$maxE(\pi - s(\theta,\pi)) = max[(1 - \beta(\theta))E(\pi) - \alpha(\theta)]$$

$$(2.35)$$

对 （2.35）求导并令其等于零，得：

$$(1 - \beta(\theta))E'(\pi) + (1 - \beta'(\theta))E(\pi) - \alpha'(\theta) = 0 \quad (2.36)$$

由式 （2.6）可知确定性等价收入为：

$$W = Ew - \rho\beta(\theta)^2\sigma^2/2 = \alpha(\theta) + \beta(\theta)E(\pi) - ba^2/2 - \rho\beta(\theta)^2\sigma^2/2$$

$$(2.37)$$

对 （2.37）求导并令其等于零，得：

$$\alpha'(\theta) + \beta(\theta)E'(\pi) + \beta'(\theta)E(\pi) - \rho\sigma^2\beta(\theta) = 0 \quad (2.38)$$

由式 （2.36）和式 （2.38）得到：

$$E'(\pi) + E(\pi) - \rho\sigma^2\beta(\theta) = 0 \qquad (2.39)$$

即：

$$\beta(\theta) = \frac{E'(\pi) + E(\pi)}{\rho\sigma^2} \qquad (2.40)$$

可见，股权投资家分享的利润产出比例，即投资者提供给股权投资家的激励系数 $\beta(\theta)$，与投资者要求股权投资家获得的利润之间存在着正相关关系。

投资者可以为股权投资家提供一组含有 $\{\theta, s(\theta, \pi)\}$ 的甄别契约，其中激励系数 $\beta(\theta)$ 与利润之间存在着正相关关系，也就是说，如果股权投资家希望获得较高的激励系数，那么就需要为股权投资基金创造出较高的利润。如果股权投资家选择了较高的激励系数却没有创造相应的利润产出，将会面临惩罚。在股权投资基金中，一般要求股权投资家投入一定规模的自有资金，如果违背契约，将有一定的惩罚机制。在报酬甄别模型下，能力较低的股权投资家便不会冒充能力较高的股权投资家选择报酬系数高、高基金增长收益的契约。这样，甄别契约就可以有效地将股权投资家的能力水平甄别出来，

$\{\theta, s(\theta, \pi)\}$ 可以作为一组合适的甄别契约来判断股权投资家的类型。

其二，建立基于外部信息的信号甄别机制。

除了依据上述内部信息得到的报酬甄别模型解决投资者选择股权投资家过程中可能出现的逆向选择问题，还可以通过外部信息对股权投资家进行客观的评价[①]。事实上，投资者依据信号甄别机制选择股权投资家的过程中，结合内部信息和外部信息对股权投资家进行客观的评价，能帮助投资者更好地选择合格的股权投资家。

一方面，可以通过股权投资家的受教育程度考察其资本运作能力和企业管理能力。教育程度是衡量股权投资家管理水平的重要指标，Spence（1974）[②] 研究表明，受教育的成本与个人能力具有负相关的关系，即个人能力越高，受教育的成本越低，因为与个人能力较低的人相比，能力较高的人完成学业所付出的时间和精力相对较少，也就是说，他们受教育的成本相对较低，因此，个人能力较高的人通常会选择程度较高的教育水平。除此之外，接受教育也有助于提高一个人的工作技能和工作效率，通过接受相关领域的专业教育和培训，股权投资家的资本运作能力和企业管理能力也会得到提升。因此，优秀的股权投资家通常具有较好的教育背景。基于这些原因，在一定程度上，投资者可以根据股权投资家的受教育程度考察股权投资家的资本运作能力和企业管理能力。

另一方面，可以通过股权投资家的业绩考察其管理能力和道德水平。股权投资家的业绩是体现其管理能力和道德水平的综合性指标，通过对股权投资家过往业绩的考察，投资者可以了解其投资回报情况，是否具有较好的资金管理水平，从而客观地衡量股权投资家的情况。但同时应该考虑到，股权投资家的投资业绩是微观因素和宏观因

---

① 张东生，刘健钧："创业投资基金运作机制的制度经济学分析"，《经济研究》，2000 年第 4 期。

② Spence, A. M., Market Signaling: Informational Transfer in Hiring and Related Screening Processes, Cambridge: Harvard University Press, 1974.

素共同作用的结果，既受股权投资家项目筛选能力、资本运作能力、企业管理能力和努力水平等因素的影响，也受宏观经济政策、经济周期和社会环境等因素的影响，而不仅仅依赖于股权投资家的管理能力和道德水平。比如在整个市场投资环境不好的情况下，即使优秀的股权投资家也可能无法获得理想的投资回报甚至亏损；相反，当整个市场蓬勃发展，处于黄金投资时期的情况下，一个能力较低的股权投资家也可能因为运气好而取得较佳业绩。因此，在考察股权投资家的过往业绩时，应当更加关注相对业绩，这样有利于排除外部因素的影响，从而更好地衡量股权投资家的管理水平和努力程度，充分全面地了解有关股权投资家的内在信息。基于上述分析，可以采用股权投资家的相对业绩指标衡量其管理能力和努力程度。

第二，解决融资过程可能出现的道德风险问题。

在融资过程中，投资者选择了股权投资家，将资金委托给股权投资家进行管理和投资，双方存在委托代理关系，股权投资家具有信息优势，投资者具有信息劣势。股权投资具有较强的专业性，并且投资者也无法对股权投资家的资金管理情况和每个投资项目的具体操作进行完全的监控，仅能观测其投资收益情况。由于投资者与股权投资家具有不同的收益函数，在双方信息不对称的情况下，股权投资家可能会为了追求自身利益最大化而损害投资者的利益，从而产生道德风险问题。因此，要想规避由于信息不对称可能产生的道德风险问题，使股权投资家选择使投资者利益最大化的行为，就需要通过合理的制度安排和机制来实现。

其一，建立有效的股权投资基金组织形式。

股权投资基金的组织形式主要分为三类，分别为公司制、子公司制和有限合伙制。

公司制股权投资基金是以股份有限公司或有限责任公司形式设立的股权投资基金。在公司制中，无论以何种形式设立，其出资人都只根据自己的出资额对公司负有限责任，并以股利的形式获得投资收益，股权投资家以公司等形式获取报酬，这是最早出现的股权投资基金组织形式。

　　子公司制股权投资基金是指一些大的金融机构和实体公司成立附属子公司参与到股权投资行业中，子公司制股权投资基金开始建立的主要目的是为母公司的多元化发展和创新提供帮助，逐渐也成为一些大的金融机构和实体公司的投资渠道。

　　有限合伙制是指由有限合伙人和普通合伙人共同设立的有限合伙企业，基金的投资者作为有限合伙人参与投资，以其认缴的出资额为限对股权投资基金承担有限责任，股权投资家作为普通合伙人负责基金的投资和管理，对股权投资基金承担无限责任。普通合伙人对风险资本进行运作，收取股权投资基金2%左右的管理费，并分享20%左右的投资收益，其中普通合伙人即是股权投资家。也就是说，股权投资家接受两种补偿，分别是他们所操作基金一定比例的管理费用和基金增长的收益，这是对他们努力工作的一个重大激励。

　　有限合伙制可以较好地实现激励约束相容，最符合股权投资基金的特点，能够最大限度地解决由于信息不对称导致的委托代理问题，所以在实际操作过程中，有限合伙制是股权投资基金应用最广泛的组织形式。

　　在激励方面，有限合伙制股权投资基金中的普通合伙人（股权投资家）获得的报酬与投资业绩密切相关。普通合伙人（股权投资家）获得的报酬由两部分组成，分别为年度收取的股权投资基金2%左右的管理费用和基金20%左右的投资利润分成，并且很多股权投资基金都通过契约约定只有在实现了最低的投资收益率后，普通合伙人（股权投资家）才能获得这20%左右的投资利润分成。因此，普通合伙人为了追求自身利益最大化，就会为获得尽可能多的基金投资利润而努力工作，从而也使有限合伙人的利益实现了最大化。而且，通常情况下，普通合伙人（股权投资家）需要投入融资总额1%的资金，并对股权投资基金承担无限责任，这样的组织形式可以防止股权投资家为了追求自身利益的最大化使投资者的利益受损的问题，保障了投资者的利益。

在约束方面，有限合伙人（投资者）对普通合伙人（股权投资家）的投资行为等经济活动也做了明确的规定和限制，比如对投资规模、投资方向等方面的要求和限制等。同时，有限合伙制的股权投资基金不是永续存在的，其生命期通常是根据投资周期而定，一般为5~7年。基金到期后，股权投资家需要重新募集资金，进行新的投资，股权投资家的投资业绩以及在市场上的声誉是其能否顺利募集到新资金的决定因素。因此，股权投资家要想不断募集到新的资金，在股权投资行业生存发展，就需要保持良好的投资业绩并建立和维持良好的声誉，这会对股权投资家形成一种约束机制。另外，投资者对股权投资基金进行投资时，通常是采用承诺投资的方式，即承诺投资一定的数额，先投入一部分资金，之后根据股权投资基金运作情况再投入后续部分。投资者可以通过"无过离婚"条款来约束股权投资家。所谓"无过离婚"，是指在投资者对股权投资家失去了信心的情况下，即使股权投资家并没有严重失误，投资者也可以不再投入之前的承诺投资。保留撤销后续投资的权利，尽管可能会造成初期投入资金的部分损失，但却可以有效地制约股权投资家的行为，因为如果股权投资家投资业绩好、工作努力，为基金创造了更多的投资收益，不仅投资者会投入后续的承诺资金，还有利于股权投资家以后募集新的资金[1]。

股权投资基金具有高风险、高收益的特性，有限合伙制的组织形式可以较好地实现股权投资基金的激励与约束相容，有限合伙制有效地降低代理成本，解决由于投资者与股权投资家信息不对称而产生的委托代理问题，有效地遏制股权投资家为了追求自身利益的最大化而使投资者利益受损的问题，保障投资者的利益。

其二，发挥市场对股权投资家的声誉约束机制。

在股权投资过程中，投资者是风险资本的提供者，他们将其自有资金投入股权投资基金，股权投资家对资金进行管理和投资。如前所述，股权投资基金的生命期一般为5~7年，基金到期后，股权投资

---

[1] 田增瑞："中国创业投资机构组织形式的选择"，《经济体制改革》，2002年第2期。

家需要重新募集资金，股权投资家在市场上的声誉是其能否顺利募集到新资金的决定因素，股权投资家要想募集更多的资金并在股权投资行业生存发展，就需要建立和维持良好的声誉，因此，应充分发挥市场对股权投资家的声誉约束机制。

Kreps 等人（1982）[1] 研究认为，在信息不对称的情况下，重复博弈会使行为主体倾向于选择合作行为。将这一结论应用于股权投资基金，股权投资家在市场上募集基金，投资者依据其过往的投资业绩进行选择，因此，股权投资家的过往投资业绩和市场声誉是决定其能否持续募集基金、能否在这个行业生存发展的重要因素。这相当于重复博弈，股权投资家为了获得更好的投资业绩和市场声誉，倾向于选择使投资者效用最大化的行为，从而有助于股权投资家持续地募集资金，在股权投资行业健康发展。

通常而言，除了通过投资回报情况来衡量基金投资业绩以外，还可以通过基金的相互独立运作和基金的分期认购等方式发挥声誉约束机制。基金的相互独立运作是指同一个股权投资家名下的不同基金相互独立，这样有助于比较不同基金的具体情况；基金的分期认购是指投资者在向股权投资基金投资时，不需要一次性注入全部投资资金，而是通过"资金承诺制"承诺投资金额，根据投资情况分期注入资金。在这个过程中，投资者会根据股权投资家的投资情况和契约条款，决定是否继续投入资金。每一次决定是否投入后续资金，都是投资者对股权投资家的一次考察和监督。发挥市场对股权投资家的声誉约束机制，促使股权投资家修正自己的利益目标函数，使其与投资者的目标相一致，从而避免由于信息不对称而产生的道德风险问题。

②建立投资机制解决投资过程中的委托代理问题

股权投资家募集资金后，筛选考察具有发展潜力的企业和项目进

---

[1] Kreps, D., Milgrom, P., Roberts, J., Wilson, R., Rational Cooperation in the Finitely Repeated Prisoners' Dilemma, Journal of Economic Theory, 1982, Vol. 27, 245～252.

行投资。在股权投资家给企业进行投资的过程中，由于股权投资家与被投资企业之间存在着信息不对称，从而产生股权投资基金的第二重委托代理关系，即股权投资家与被投资企业之间的委托代理问题，包括投资前的股权投资家的逆向选择问题和投资后的被投资企业的道德风险问题。在投资过程中，股权投资家是委托人，被投资企业家是代理人，股权投资家对目标企业进行筛选、考察和投资，股权投资家无法全面地了解被投资企业全部真实信息，被投资企业具有信息优势，两者存在信息不对称，从而产生委托代理问题。为了协调股权投资家与被投资企业之间的利益，在股权投资的过程中，需要建立合理的投资机制来规避可能出现的逆向选择和道德风险问题。

其一，建立项目评价体系解决投资过程中的逆向选择问题。

首先，建立规范、系统、全面的项目评价体系和项目筛选程序，股权投资家应依据这些筛选程序对申请项目进行研究分析，从而了解申请项目的风险程度、发展前景、成功概率、企业管理者的能力水平等信息，以此作为股权投资家投资决策的依据。通常来说，投资项目的筛选一般要经过初步筛选和尽职调查两个阶段。在初步筛选阶段，股权投资家对商业计划书进行筛选，主要根据股权投资家的投资行业和理念等进行初步筛选，然后对这些项目进行进一步了解，包括企业基本信息、管理团队情况、所在行业及行业内位置等信息，并与目标企业管理层进行接触，制作投资意向书。在尽职调查阶段，应全面深入了解企业情况，包括企业基本信息、业务结构、管理团队、财务状况、行业地位等信息，并制作投资分析报告。

其次，建立科学、合理的项目评估指标系统。项目评估指标应包括：目标企业相关指标，包括管理团队、核心竞争力和市场占有率等；股权投资机构相关指标，包括投资行业、投资周期、投资规模和退出安排等；宏观经济环境相关指标。

在股权投资家选择企业和项目进行投资的过程中，由于企业和项目质量程度的信息不对称性可能产生逆向选择问题。通过建立项目评价体系，包括规范、系统、全面的项目筛选程序以及科学、合理的项目评估指标系统，可以使股权投资机构较全面地获得被投资企业和项目的信息，从而有效解决投资过程中可能出现的逆向选择问题。

其二，建立契约机制解决投资过程中的道德风险问题。

股权投资机构向被投资企业提供资金，在投入资金、企业开始运作之后仍存在着信息不对称。股权投资家不可能完全参与被投资企业的生产经营和具体管理，被投资企业管理者在企业运营和管理等方面具有信息优势，股权投资机构具有信息劣势，被投资企业管理者可能会为了追求自身利益的最大化而损害股权投资机构的利益，也就是说，在投资过程可能由于信息不对称产生道德风险问题。为了规避投资过程中可能出现的道德风险，可以通过恰当的投资工具、分阶段投资的方式、被投资企业管理团队的股票期权制度以及估值调整机制来避免投资过程中可能出现的道德风险问题。

投资工具的选择。选择不同的投资工具是为了降低被投资企业管理者的道德风险，降低代理成本，股权投资基金的投资工具主要包括债券投资、普通股投资和优先股投资三种。

通过债券投资，股权投资家可以按照事前约定获得固定的利息，在被投资企业不能按时偿还利息时，可以通过拍卖抵押品等方式保障股权投资家的利益。这种方式的优势在于在企业健康发展的情况下能够获得稳定的收益，一旦企业不能按时偿还利息时，也有一定的保障。这种方式的劣势是不能分享企业成长带来的价值增加，而且由于股权投资基金参与的大多数企业都是初创企业，这样的企业通常无形资产比重较大，如果破产，其清偿价值很低，股权投资家的利益也可能得不到保障。除此之外，对于初创企业而言，在现金流不稳定的情况下，债务融资更会加剧其经营难度和风险，可能会加大股权投资机构投入资金的风险。

通过普通股投资，股权投资机构成为被投资企业的股东，其投资回报与企业盈利状况密切相关。当企业发展壮大时，股权投资机构能够分享企业成长带来的价值增加；当企业发展不好时，股权投资机构投资的企业股权价值可能会减少，因此风险较大。

优先股投资同时具有债券投资和普通股投资的特点。如果企业发展壮大，它可以分享企业价值增长所带来的好处；如果企业经营失败进行清算，它优先于普通股获得清偿。而且在大部分情况下，通过一定的契约，优先股可以转换为普通股，分享企业的价值增加。这种通过一定契约可以转换为普通股的优先股称为可转换优先股。在实际操作中，可转换优先股是股权投资中使用最多的一种投资方式，它使得股权投资家和被投资企业形成了更加紧密的合作关系，股权投资家更多地参与被投资企业的经营管理，通常指派企业的董事会成员，参与企业重大决策，帮助企业发展，并分享企业的价值增加。

由此可见，股权投资家选择合适的投资工具，可以有效地对被投资企业进行监督和约束，从而规避和降低投资过程中可能出现的道德风险问题，确保投资收益。

分阶段投资。股权投资机构通常采用分阶段投资的方式规避和降低投资过程可能产生的道德风险问题。分阶段投资是指股权投资机构根据被投资企业的产业生命周期在项目初始阶段，或是参与项目的初始阶段，先投入一部分资金，再根据企业经营的业绩、发展前景以及在市场中所处的位置等客观指标决定后续资金的投入。

分阶段投资是一种较好的约束激励机制。一方面，在被投资企业经营状况良好、发展前景明朗的情况下，股权投资家会注入后续资金，有助于激励被投资企业家在每个阶段都努力创造理想的经营业绩。而且，由于被投资企业大多是初创企业，如果一次性投入资金较大，会在很大程度上稀释被投资企业家的股权，而通过分阶段投资的方式，就可以在一定程度上避免这样的问题，对被投资企业家形成有效的激励。另一方面，在被投资企业经营状况不好的情况下，股权投资家可能不再注入后续资金，或者依据契约降低被投资企业家的股份等，这对被投资企业家形成约束。对于股权投资机构而言，分阶段投资使得其可以在企业经营状况好时追加投资，也可以在企业经营状况不好时不再注入后续投资，对被投资企业家形成了较好的约束激励机制，较好地解决信息不对称问题，从而降低了投资风险。

建立被投资企业管理层和核心成员的股票期权制度。股权投资机构通过筛选、考察选择有发展潜力的企业进行投资，股权投资家与被投资企业管理层和核心成员具有委托代理关系，被投资企业管理层和核心成员在企业运营、工作努力程度和诚信水平等方面具有信息优势。股权投资家与被投资企业管理层和核心成员的利润函数不完全一致，股权投资家追求企业利润最大化，被投资企业管理层和核心成员追求自身收入的提高、权力的扩张、社会地位的提升以及办公条件的改善等，因此被投资企业管理层和核心成员可能会为了追求自身利益最大化而损害股权投资家的利益，产生道德风险问题。建立被投资企业管理层和核心成员的股票期权制度，可以使股权投资家与被投资企业管理层和核心成员的利润函数更加一致，在很大程度上解决由于信息不对称可能产生的道德风险问题。

股票期权制度是指企业给予管理层和核心成员在为企业服务一定年限后可以按照某一事先约定的价格购买本公司股票的权利。股票期权制度使企业管理层和核心成员与企业之间建立了一种长期的利益关系。当企业发展壮大后，其股票价格也随着企业的发展而提高，尤其对于那些成功上市的企业，其股票价格可能上涨几十倍甚至上百倍。这时，持有公司股票期权的企业管理层和核心成员以当年约定的价格购买本公司股票，此时市场上该公司的股票价格与当年约定的购买价格的差异即是企业管理层和核心成员获得的收益。企业发展越好，公司股票价格越高，企业管理层和核心成员获得的收益也越大。因此，股票期权制度使企业管理层和核心成员与企业之间建立了长期的利益关系，使得企业管理层和核心成员的利益函数与企业利润最大化更加一致，从而激励企业管理层和核心成员更加努力工作。

估值调整机制。从理论上来说，基于未来不确定情况约定的估值调整机制是一种期权形式。估值调整机制也被称为"对赌协议"，它是股权投资机构对被投资企业管理者的一种约束激励机制。在对赌协议中通常约定，在一定期限内，如果被投资企业达到了一定的经营绩效，则股权投资机构给予被投资企业管理者股权等形式的奖励，如果被投资企业未达到一定的经营绩效，则有降低被投资企业管理者的股份等形式的惩罚机制。因此，估值调整机制很好地实现了股权投资机构对被投资企业管理者的约束激励职能，被投资企业管理者在追求自身利益最大化的同时，也实现了股权投资机构的利益最大化[①]。

估值调整机制有利于规避和降低股权投资机构与被投资企业之间的信息不对称问题。股权投资家选择企业进行投资，目标企业管理者为了获得投资，可能会夸大其技术优势、核心竞争力、管理能力和经验、市场占有率以及对未来收入的预期等信息，隐瞒其风险因素等负面信息。通过估值调整机制，如果企业管理者为了获得投资而夸大对未来收入的预期等情况，那么在股权投资机构对企业进行投资时，在约定期限内，如果被投资企业没有达到一定的经营绩效，企业管理者会受到减持股份等惩罚。因此，估值调整机制不仅是股权投资机构对被投资企业管理者的一种有效的约束激励机制，而且可以很好地解决信息不对称的问题，降低代理成本，提高市场运作效率。

2. 股权投资基金的价值创造机制

股权投资基金的行为主体包括投资者、股权投资机构、创业企业。投资者向股权投资机构进行投资，股权投资机构经过筛选、考察将资金投入企业，通过被投资企业的运作实现资本增值，股权投资机构实现其收益，并对投资者进行收益分配。股权投资实现了股权投资机构与被投资企业资本优势与产业优势的有效结合，股权投资家通过

[①] 余嘉明，刘洁："估值调整机制 PE 投资中的激励与约束工具"，《商业时代》，2010 年第 35 期。

私募的方式向机构投资者或特定的个人募集资金，通过筛选、考察选择企业进行投资，将资金投入目标企业中，并利用其经验和资源为被投资企业提供经营、融资、人事等方面的咨询与支持，帮助企业实现较快的发展，从而分享企业增长带来的价值增加，并和投资者进行利益分配。股权投资机构带给被投资企业的是"提供资金"和"价值创造"，股权投资机构不仅能够提供企业发展所需要的资金支持，还能够通过绩效改进、并购、上市等使企业获得更好的发展，加速技术创新，推动产业升级，完善公司治理结构，提高企业运作效率，并为企业提供增值服务，实现价值创造。同时，股权投资基金对目标企业的投资，也是一种信号机制，这种信号增强其他投资者的信心，有助于被投资企业在资本市场上获得更好的认可。

① 投资项目价值创造模型假设[①]

假设投资项目的价值函数为 $V(\cdot)$，投资项目的价值会随时间而变化，即 $V(\cdot)$ 是时间 t 的函数。用 α 表现投资项目的好坏，$\alpha \in (0,1)$ 表示好项目，即在一定的资金和技术支持下，项目的价值会不断增加；$\alpha \in (-1,0)$ 表示坏项目，即没有发展前景的项目。投资项目的价值函数为 $V(\cdot)$ 受到项目好坏的影响，所以 $V(\cdot)$ 也是 α 的函数。投资项目的价值同样受到投入资金 K 的影响，于是 $V(\cdot)$ 也是资金 K 的函数。另外，投资项目的价值还受到管理能力、技术专长、战略规划、市场把握等方面的影响，把这些能力统称为无形资产 $e, e \in [0,1]$，$e = 0$ 表示投资方对投资项目的运营和发展不具有任何无形资产，$e = 1$ 表现投资方对投资项目的运营和发展具有完全的无形资产，同样，$V(\cdot)$ 也是无形资产 e 的函数。假定投资项目的价值函数 $V_t = V(t,K,e,\alpha)$ 形式如下：

---

① 黄嵩，魏恩道，窦尔翔："私募股权基金的运作机理与价值创造"，《改革与战略》，2011 年第 4 期。

$$V_t = V(t, K, e, \alpha) = V_0(\alpha + e)^{(K+1)t} \qquad (2.41)$$

其中 V_0：投资项目的期初价值；

　　t：时间；

　　α：被投资企业和项目的质量；

　　K：投入资金；

　　e：无形资产。

模型有以下假设前提：

假设一：如果没有外部资金和技能的支持，投资项目的价值将不断减少。

假设二：被投资企业和项目价值符合函数 $V_t = V(t, K, e, \alpha) = V_0(\alpha + e)^{(K+1)t}$ 形式，其中 $\alpha \in (-1, 1)$，$e \in [0, 1]$，$V_0 > 0$，$K > 0$。

假设三：投资者可以通过向股权投资基金进行投资，股权投资基金经过筛选、考察将资金投入企业，也可以直接投资企业。股权投资基金为积极的投资者，而直接投资的投资者为被动的投资者。因为股权投资基金具有资本运作能力和专业技能等无形资产，因此在投资项目时可以获得折扣，而被动投资者则无法获得折扣。

假设四：好项目与坏项目的数量受宏观经济环境和经济周期影响，但是在一定时期内，市场上好项目和坏项目的总量是一定的。

假设五：期末股权投资机构的无形资产提高，而被动的投资者无形资产不发生变化。

【2】股权投资基金的价值创造模型分析

①不同投资情况分析

在无投资的情况下，$e = 0$，$K = 0$，则目标公司价值：

$$\lim_{t \to +\infty} V_t = \lim_{t \to +\infty} V_0(\alpha)^t = 0 \qquad (2.42)$$

可见，如果没有外部资金和技能的支持，无论是好项目还是坏项目，投资项目的价值都将不断减少，最终为零。

在投资坏项目的情况下，$e \in [0,1]$，$\alpha \in (-1,0)$，$K > 0$，由此$(\alpha + e) \in (-1,1)$，可知：

$$\lim_{t \to +\infty} V_t = \lim_{t \to +\infty} V_0 (\alpha + e)^{(K+1)t} = 0 \tag{2.43}$$

可见，如果投资项目是坏项目，那么无论股权投资基金投入多少资金、提供多少技能支持，投资项目的价值都将不断减少，最终为零。

在投资好项目的情况下，$e \in [0,1]$，$K > 0$，由此$(\alpha + e) \in (0,2)$。当$(\alpha + e) \in (0,1)$时，得到和投资坏项目情况下一样的结论；当$(\alpha + e) = 1$时，目标公司价值将一直维持不变，外来投入的资金和技能对其价值均没有影响；当$(\alpha + e) \in (1,2)$时，得到：

$$\lim_{t \to +\infty} V_t = \lim_{t \to +\infty} V_0 (\alpha + e)^{(K+1)t} = +\infty \tag{2.44}$$

根据上述分析可知，如果投资项目是一个好项目，当满足条件$(\alpha + e) \in (1,2)$时，投资项目的价值会不断增加，也就是说，如果投资方的无形资产达到一定水平，满足$(\alpha + e) \in (1,2)$这一条件，投资方投入的资金和无形资产对项目的支持能够加速项目的价值增长。在下面的讨论中，假定外来投资方的无形资产达到了一定水平，即满足$(\alpha + e) \in (1,2)$的条件。

②股权投资基金的项目价值创造

在股权投资家和被动的投资者在初期具有相同的无形资产的情况下，假定时间t是连续分布的，则t可以划分为无数个$t = 0$和$t = 1$的集合。因此，我们可以将时间简化为$t = 0$和$t = 1$两个阶段。期初投资项目价值为V_0，期末投资项目价值为$V_0 (\alpha + e)^{K+1}$，在此我们不妨令投资项目期初价值V_0等于1，则期末价值等于$(\alpha + e)^{K+1}$。

与被动的投资者相比，股权投资基金具有以下三个特点：

第一，股权投资家依据系统、全面的筛选程序对申请项目进行研究分析，了解申请项目的具体情况，做出投资决策，并在投资后参与企业经营管理，这些经验和专业化的技能在股权投资家接触大量的股权投资项目过程中得到积累。

第二，股权投资家在对目标企业进行投资后，通常会参与企业的经营管理，形成对企业的监督机制。

第三，股权投资家利用自身的资源和优势为企业提供经营、融资、人事等多方面的增值服务。

如前所述，投资者可以通过向股权投资基金进行投资，股权投资基金经过筛选、考察将资金投入企业，也可以直接投资企业。股权投资基金为积极的投资者，进行直接投资的投资者为被动的投资者。股权投资基金具有资本运作能力并具有专业技能，因此在投资项目时可以获得折扣，而被动投资者则无法获得折扣。

投资项目的期初价值为 1，外部投资者投入资金 K 后，投资项目的期末价值增长为 $(\alpha+e)^{K+1}$，由于股权投资基金具有资本运作能力和专业技能等无形资产，因此在投资项目时可以获得折扣，仅需 $\dfrac{1}{(\alpha+e)^{K+1}}$ 以的价格购得项目，获得的折扣为 $1-\dfrac{1}{(\alpha+e)^{K+1}}$。由此可知，股权投资基金投资项目获得的投资收益为 $(\alpha+e)^{K+1}-\dfrac{1}{(\alpha+e)^{K+1}}$。而被动投资者在投资项目时无法获得折扣，只能以 1 的价格购得项目，由此可知，被动投资者投资项目获得的投资收益为 $(\alpha+e)^{K+1}-1$。两式相减，即得出股权投资基金实现的价值创造部分，为 $1-\dfrac{1}{(\alpha+e)^{K+1}}$。在 $\alpha+e>1$ 的条件下，$1-\dfrac{1}{(\alpha+e)^{K+1}}>0$，这是股权投资基金实现的第一部分价值创造，这是基于股权投资家的专业技能与直接投资的被动投资者的专业技能相同的假设前提下得到的。同时，在不断的投资过程中，股权投资家的经验和专业技能又得到进一步积累和提升，表现为 e 的增大，这是股权投资基金实现的第二部分价值创造。

上述讨论是基于假设前提股权投资家的专业技能与直接投资的被动投资者的专业技能相同的情况下得出的，而事实上，股权投资基金一般由对特定行业具有丰富专业知识和经验的产业界和金融界的精英组成，他们具有丰富的专业能力、投资经验、资本运作和资源优化配置的能力，为企业的管理和运营提供帮助。他们利用长期积累的国际市场视野、管理经验、知识专长和战略资源帮助被投资企业设计清晰的商业盈利模式，让企业更快地发展壮大。因此，股权投资家可能具备更优的专业技能，即股权投资家的无形资产 e_{PE} 大于被动投资者的无形资产 e_{DI}。

时间为 $t=0$ 和 $t=1$ 两个阶段。如果股权投资基金投入资金 K，投资项目期初价值为 V_0，期末价值为 $V_0(\alpha+e_{PE})^{K+1}$，不妨令投资项目期初价值 V_0 为 1，则期末价值为 $(\alpha+e_{PE})^{K+1}$。由于股权投资基金具有资本运作能力和专业技能等无形资产，因此在投资项目时可以获得折扣，仅需以 $\dfrac{1}{(\alpha+e_{PE})^{K+1}}$ 的价格购得项目，获得的折扣为 $1-\dfrac{1}{(\alpha+e_{PE})^{K+1}}$，可知，股权投资基金投资项目获得的投资收益为 $(\alpha+e_{PE})^{K+1}-\dfrac{1}{(\alpha+e_{PE})^{K+1}}$。被动的投资者投资项目时，投资项目期初价值 V_0 为 1，则期末价值为 $(\alpha+e_{DI})^{K+1}$，被动投资者在投资项目时无法获得折扣，以 1 的价格购得项目，于是得到被动投资者投资项目获得的投资收益为 $(\alpha+e_{DI})^{K+1}-1$。两式相减，即得出股权投资基金实现的价值创造部分，为 $1-\dfrac{1}{(\alpha+e_{PE})^{K+1}}+(\alpha+e_{PE})^{K+1}-(\alpha+e_{DI})^{K+1}$。在 $\alpha+e_{PE}>1$ 的条件下，$1-\dfrac{1}{(\alpha+e_{PE})^{K+1}}>0$，且 $e_{PE}>e_{DI}$，于是可以得出，$(\alpha+e_{PE})^{K+1}-(\alpha+e_{DI})^{K+1}>0$，这是股权投资基金实现的第一部分价值创造。另外，与前面的分析一样，在不断的投资过程中，股权投资家的经验和专业技能又得到进一步积累和提升，表现为 e_{PE} 的增大，这是股权投资基金创造的第二部分价值。

③股权投资基金的社会价值创造

从社会价值层面来看，单个投资项目实现了社会价值创造。具体而言，期初社会价值为投资项目期初价值 1 和资金 K 的加和，期末社会价值为投资项目的期末价值 $(\alpha+e)^{K+1}$。期末社会价值与期初价值相减，得出单个投资项目的社会价值创造 $S_i = (\alpha+e)^{K+1} - 1 - K$。

假设整个经济体中存在 $i=1, 2, \cdots, n$ 个潜在的好的投资项目，并且 $0 < \alpha_1 < \alpha_2 < \cdots < \alpha_n < 1$，总价值创造 $S = \sum_{i=1}^{n} S_i$。如前所述，当 $\alpha+e>1$ 时实现价值增长，同时，由于股权投资基金与被动的投资者相比，具有更高的资本运作能力和专业技能，也就是具有更大的无形资产，即 $e_{PE} > e_{DI}$，因此，股权投资基金可以使更多的项目实现价值增长，对于一些 α 较小的项目，被动的投资者无法帮助其实现价值增长，但股权投资基金利用其资金支持和专业能力可以帮助其实现价值增长。令 $\alpha_P + e_{PE} > 1$，$\alpha_{p-1} + e_{PE} \leqslant 1$，且 $\alpha_P + e_{DI} > 1$，$\alpha_{q-1} + e_{DI} \leqslant 1$，则必有 $p < q$，股权投资基金实现的社会价值创造为：

$$\Delta S = S_{PE} - S_{DI} = \sum_{i=p}^{n} S_i - \sum_{i=q}^{n} S_i = \sum_{i=p}^{q} S_i \qquad (2.45)$$

除了上述着眼于某个时点的股权投资基金的价值创造，从一个时间段上看，在不断的投资过程中，股权投资家的经验和专业技能又得到进一步的积累和提高，表现为 e_{PE} 的增大，这会进一步扩大这一价值创造的能力。

通常而言，股权投资基金一般由具有丰富专业知识和经验的产业界和金融界的优秀人才组成，他们能够最大限度地发挥其自身的专业技能，帮助被投资企业和项目获得成功。股权投资基金为企业提供资金支持的同时，还利用自身资源和优势为企业提供各种增值服务，帮助企业更快地发展壮大，实现了价值创造。

【3】股权投资基金的价值创造模式及经济学价值

①股权投资基金的价值创造模式

股权投资基金的价值创造模式可以分为价值发现、价值持有、价值提高、价值放大和价值实现五个阶段。

价值发现。股权投资家发现具有发展潜力和投资价值的企业，对企业进行筛选、考察，了解企业管理团队、技术水平、核心竞争力、财务状况、在行业内地位以及市场现状和前景等信息，并与企业家达成投资合作意向。

价值持有。股权投资家对目标企业进行尽职调查，充分了解目标企业管理团队、技术水平、业务结构、财务状况和市场状况等信息，据此做出投资决策，完成对目标企业的投资。同时，为了避免由于信息不对称可能产生的委托代理问题，以及对被投资企业管理层形成有效的约束和激励，股权投资基金可能会与被投资企业签订估值调整协议。估值调整协议通常约定，在一定期限内，如果被投资企业达到了一定的经营绩效，则股权投资基金给予被投资企业管理层股权等形式的奖励，如果被投资企业未达到一定的经营绩效，则会面临股份减少等惩罚。这样，被投资企业管理层在追求自身利益最大的同时，也实现了股权投资基金的利益最大化。

价值提高。股权投资家利用其自身资本运作和专业能力等方面的优势，帮助企业改进其经营管理，建立起有利于企业长期发展的业务构成、财务制度和治理结构，帮助企业改善其收入、成本结构，完善财务状况，提高企业运作效率和利润率，最终带来企业盈利能力和价值的提高。

价值放大。股权投资基金通过对被投资企业的培育和扶持，企业盈利能力和价值得到提高，通过 IPO 或股权转让等方式，实现价值的放大。

价值实现。被投资企业在资本市场成功上市或达成股权转让协议后，股权投资基金在合适的时机以合理的价格出售所持有的股权，实现其价值。

股权投资基金对企业进行**投资**后，通常会指派董事会成员，参与被投资企业重大决策，并对企业的发展进行战略指导。对于形成控股或获得实际控制权的企业，股权投资基金往往会深入地参与被投资企业的经营管理。股权投资基金利用其自身资源和优势，帮助企业制订清晰的商业模式和发展战略规划，并帮助企业持续改善经营管理，提高企业的运作效率，开拓市场并寻找战略合作伙伴，进行资源的有效整合和优化配置，提高企业核心竞争力和利润率，从而持续增加企业价值。

②股权投资基金的经济学价值

第一，股权投资基金能够完善公司治理结构，提高企业运作效率。

股权投资基金可以帮助中小企业改善股东结构，建立起有利于企业发展和未来上市的治理结构、监管体系和财务制度。股权投资基金对企业的投资是以企业的业绩为投资标准，很多股权投资基金在投资阶段采取分阶段投资策略，根据企业运营情况先投入一部分资金，再根据企业经营的业绩、发展前景及在市场中所处的位置等客观指标决定后续资金的投入。股权投资基金可以在被投资企业经营状况好的时候追加投资，也可以在被投资企业经营不好的时候放弃投资，减少损失，从而对被投资企业形成有效的约束激励机制。

股权投资基金将资金投入目标企业，通过被投资企业的运作实现资本增值，股权投资基金实现其收益，并对投资者进行收益分配，投资价值的实现最终需要依靠被投资企业在经营绩效上的改善来实现，因此股权投资基金在提供资金的同时，会帮助企业改善经营管理，促进企业经营绩效的提高。股权投资基金通常会指派企业的董事会成员，为企业提供管理上的支持，帮助企业设计清晰的商业盈利模式和发展战略规划，推动企业的健康发展，并为企业提供经营、融资、人事等方面的咨询与支持，利用自己长期积累的资源和优势为被投资企业提供多方面的增值服务，帮助企业较快地发展壮大。股权投资基金帮助企业提高其财务管理水平、完善治理结构、健全激励约束机制，提升企业的竞争力和运作效率，从而提高企业的盈利能力和价值。

第二，股权投资基金能够加速技术创新和发展，推动产业升级和整合。

很多优秀企业的发展壮大在一定程度上都得益于股权投资基金的

参与和推动。尤其是高科技领域的许多重要科技成果，比如半导体材料、计算机、生物技术、互联网技术等等，都在股权投资基金的参与和推动下得以实现，并创造出巨大的经济效益和社会效益。

股权投资市场把资金、企业家能力和技术有机地结合起来，是"融资"与"融智"的有效结合，实现了优化的资源配置，股权投资市场的健康发展，对我国的经济增长和社会发展具有重要意义。股权投资基金实现了资源的有效配置，能够加速技术创新，推动产业升级。首先，股权投资家通过尽职调查对目标企业所在行业、经营业绩、核心竞争力、管理团队、市场状况和前景等方面进行详细深入地考察和了解，选择具有发展前景的企业进行投资，这有助于推动产业结构的优化和升级。其次，股权投资基金为企业提供更为便捷和开阔的融资渠道，充足的资金支持有助于推动企业技术创新和发展。很多创业企业初始资本金不足，所从事的业务与其资金不匹配，没有充裕的资金支持其进行技术创新，而事实上，这些技术创新可能会带来巨大的收益，股权投资基金对企业进行投资，并提供管理上的支持，有助于改善企业的运营和治理，加速企业技术创新，使企业在从事中长期发展项目时获得有利的支持。另外，股权投资基金一般是由专业人才和具备优秀的资本运作能力的精英组成，他们具有丰富的专业知识和投资经验，优秀的资本运作和资源优化配置能力，他们帮助被投资企业制定商业模式和战略规划，参与企业管理，帮助企业更快地发展。股权投资基金利用其声誉和人脉为被投资企业吸引优秀的管理人才，同时利用自身资源帮助企业开拓新市场和寻找商业伙伴，充分发挥协同效应，降低成本，提高企业的核心竞争力和利润率，并最终带来企业盈利能力和价值的提高。

第三，股权投资基金能够深化资本市场，拓展融资渠道。

股权投资行业的发展能够深化资本市场，提高资本市场的效率。股权投资基金往往符合中小企业的发展规律和融资阶段性特征，能够为中小企业提供更为便捷和广阔的融资渠道。股权投资行业的发展，有助于形成多层次的资产市场体系，使企业和资本能够更有效地实现对接，从而促进我国中小企业的发展和我国经济的增长。

股权投资基金投资的企业大多是中小企业，尤其是高科技创业企业，与市场上成熟的大企业相比，这些创业企业可能不具备以往盈利良好的纪录，同时，这些创业企业中很多是以人力资本、技术等为核心，风险较大，而传统的融资方式对风险因素有着较为严格的控制，因此这些企业难以通过银行贷款等传统的融资方式获得资金支持。这些创业企业想通过 IPO 上市在资本市场上公募融资的可能性更小，我国对上市企业的经营业绩和盈利年限等都有着十分严格的要求，并且我国实行的上市审批制更加大了这些中小企业的上市难度。但是对于这些创业企业，尤其是中小高科技企业来说，资金不充足是企业发展的瓶颈，充足的资金支持是推动企业发展的重要因素，可能在前期需要投入大量的资金进行技术研发等相关工作，一旦项目获得成功，便可获得高额的收益，可能是数十倍于投资甚至更多的高收益。股权投资基金为这些企业提供了一个很好的融资渠道，股权投资基金通过筛选、考察将资金投入那些有发展潜力和前景的企业，即使那些没有很好的财务指标和盈利记录，但是有很好的发展潜力和商业模式的创业企业，也很有可能获得股权投资基金的支持。

在实际操作过程中，股权投资基金在对初创企业进行投资时，不仅要以目标企业的财务状况作为投资决策的重要指标，更重要的是在和目标企业的接触中，了解该企业的行业地位及经销情况、企业家的信用状况、管理团队等信息，这些信息无法从公开披露的财务信息中获取，股权投资家需要与企业深入接触才能尽可能全面地获得，这些信息具有较强的主观性，但是在某种程度上，这些信息更能反映目标企业的真实情况。

同时，股权投资基金的灵活性也更加符合初创企业的融资需求。与成熟的大企业相比，初创企业的发展情况具有较大的不稳定性，对资金的需要也是个性化的。在股权投资家与目标企业的洽谈过程中，股权投资家会根据目标企业的实际情况和市场情况，与目标企业管理者共同设计适合目标企业的投资方案，包括投资金额、投资方式、奖励约束机制的安排等。针对初创企业不同的融资需求，寻求最恰当的投资方案。股权投资基金的灵活性可以满足初创企业不同的融资需求，从而达到理想的融资效果。

股权投资基金有其独特的优势，股权投资基金的发展有助于深化资本市场，拓宽企业尤其是中小高科技企业的融资渠道，有助于建立我国多层次的资本市场体系，使资本优势和产业优势有效地结合，实现资源的优化配置，从而促进经济增长和社会发展。

第三章

股权投资基金的投资流程

1. 如何找到好的投资项目

股权投资基金的投资能否取得成功与当初的投资决策紧密相关，如何找到好的项目进行投资，是股权投资家首先要面对的问题，也是至关重要的问题。

【1】投资项目筛选的过程

股权投资基金对项目的筛选主要分为三个阶段：项目资料的收集、项目的筛选、项目的评估。

①项目资料的收集

市场上有很多股权投资机构，也有很多创业企业和项目，股权投资机构希望选择好的企业和项目进行投资，首先要收集项目资料，了解各种潜在的投资机会。因此，确保一定的项目信息来源对于股权投资机构来说是非常重要的。项目信息可能来源于创业企业家主动与股权投资机构进行联系，股权投资家与市场上有潜力的企业和项目所有者主动联系，以及通过其他机构获得项目信息等。通过这些信息来源，股权投资机构可以获得很多项目资料，作为其寻找投资机会的基础。

②项目的筛选

在获得了项目资料后，股权投资家开始对项目进行筛选。股权投资家根据项目的基本情况、管理团队、业务构成、市场前景、商业模式等信息，对项目进行筛选。进一步与有投资意向的项目所有者进行洽谈，深入了解项目情况，进行投资项目的选择。

③项目的评估

通过对项目的筛选，股权投资家对目标项目有了初步的了解。接下来，需要对目标项目进行评估，深入、全面地了解目标项目的状况，根据评估结果，做出投资决策。

【2】 投资项目筛选的标准

股权投资机构在筛选投资项目的过程中，有一定的筛选标准。不同的股权投资机构有着不同的项目筛选标准，各个股权投资机构依据自己的筛选标准对项目进行选择，但是这些不同的筛选标准中也有一些共同点。

①创业企业所处的行业

通常情况下，股权投资机构由对某个或某些行业具有丰富专业知识和经验的产业界和金融界的人才组成，他们对本行业的技术、管理、市场非常了解，但是不可能对所有行业和领域也都完全了解。因此，在选择投资项目时，他们通常会选择自己所熟悉行业中的企业进行投资，而尽量避免投资那些自己不熟悉的领域。因为这样，一方面股权投资机构对企业的判断更有把握，另一方面在投资以后，可以利用自己在行业内的资源和优势为被投资企业提供多方面的增值服务，使企业快速发展，从而获得理想的投资回报。

事实上，很多股权投资机构对投资的行业和领域都有一定的偏好。比如著名的凯雷集团主要投资防务行业，因为美国前国防部长卡卢奇曾担任凯雷集团的董事长，自然对防务行业的了解和资源具有明显优势。巴菲特主要投资于传统行业，他投资了可口可乐、通用电气等企业。2004 年成立的北极光创投基金主要投资高科技行业，其创始人邓峰曾就职于英特尔公司。

②创业企业所处的发展阶段

股权投资家在选择投资项目时，会考虑创业企业所处的发展阶段。因为企业在不同的发展阶段，其运营状况、企业管理、风险情况等各个方面都是不尽相同的。不同的股权投资机构可能也会对创业企业所处的阶段有所偏好，有些主要投资初创企业，有些主要投资发展初具规模的企业，有些主要投资 Pre – IPO 的企业。而且，创业企业所处的发展阶段也与资金需求情况紧密相关。通常而言，对于同类企业来说，处于发展初期的企业，股权投资机构所需投入的资金较少；而发展较成熟的企业，股权投资机构所需投入的资金较多。

③创业企业的财务状况

创业企业的财务状况是股权投资机构在选择企业时一个重要的评价标准。股权投资机构会尽可能地获得目标企业真实的财务信息，了解企业财务状况。因为财务数据能客观反映企业的真实经营状况和盈利水平，无论创业企业家把企业说得多么天花乱坠，股权投资家都可以通过财务数据对企业的真实情况进行一定的了解。

创业企业的财务状况是股权投资机构评价企业的重要标准，但在实践中，大多数股权投资家在选择企业进行投资时，更看重的是通过和目标企业的接触了解到的企业管理团队、核心竞争力、商业模式等信息，因为对于股权投资机构来说，企业的潜力比企业的现状更值得期待。

④创业企业的市场状况

股权投资机构要对创业企业的市场状况进行考察，了解市场规模和发展速度、创业企业产品的市场占有情况、竞争对手情况、替代品发展情况、产品的供货商和客户等上下游情况等，全面分析市场环境和发展前景。创业企业的市场状况是股权投资机构筛选投资项目的重要标准之一。

⑤创业企业的无形资产

股权投资机构选择企业进行投资，希望通过对企业的投资和培育使企业的价值大幅增加，从而获得高额的投资回报。PE 投资的关键在于发现企业的无形资产。企业的无形资产容易被忽视或低估，因此存在着低买的可能性。当企业的无形资产转化为有形成果时，企业的价值就会大幅提升。

企业的无形资产主要包括：第一，企业管理团队的能力，体现在管理团队对企业的运营管理水平、对所从事领域的洞察力、对市场的了解程度和把握能力等方面。第二，专利权、专营权、技术优势、品牌价值、市场势力、商誉等。一些可能无法在财务报表中得到充分反映的无形资产，可能是企业最关键的资产，能够为企业带来巨大的经济价值。比如 Google 公司的客户网络价值和品牌价值，Intel 公司的技术和市场都是巨大的无形资产。

无形资产的价值很难评估，但有些无形资产的确蕴含着巨大的价值，当这样的无形资产有形化后，能创造巨大的经济效益。因此，股权投资机构在选择投资项目时，会非常关注企业的无形资产，尽可能地了解企业的真实价值。

$\mathcal{2}.$ 商业计划书和保密协议

股权投资家在找到一个感兴趣的目标企业后，需要开始受理目标企业的业务，了解目标企业的情况。创业企业家为了寻求和争取股权投资家的投资认可，通常需要给股权投资家提供一份商业计划书，全面介绍企业的情况，并同时递交保密协议。

【1】 商业计划书

商业计划书是一份全面介绍企业信息的文件，是股权投资家筛选投资项目与评判其发展前景的重要参考依据。创业企业需要让股权投资机构了解企业经营的构想与策略、产品市场需求的规模和成长潜力、财务计划和和预期回报等内容，一份高质量的商业计划书就包含了上述全部内容。

一个创业企业要想获得股权投资机构的投资，除了技术、产品、市场等必要因素，一份好的商业计划书显得尤为关键。因此，一份高质量的商业计划书对于企业的融资有着重要的意义。

作者曾经帮助国内一家教育机构制作商业计划书，下面以此为例，说明商业计划书的制作方式和内容。

专栏3.1

商业计划书目录

一、概览

1. ××公司简介

2. ××公司控股股东、实际控制人简介

3. ××公司业务发展目标

4. 本次融资计划

5. 募集资金用途

6. ××公司未来5年盈利预测

7. 风险与对策

二、××公司基本情况

1. ××公司简介

2. ××公司股权结构

3. 融资完成后××公司股权结构

4. ××公司管理团队

5. 主要负责人介绍

三、××公司竞争优势

1. 竞争优势

2. 商业模式和SWOT分析

四、××公司业务介绍

1. 第一事业部

---

2. 第二事业部

......

五、行业及市场分析

1. 行业情况

2. 市场潜力

六、发展战略及目标

1. 发展战略

2. 发展战略具体规划

3. 主营业务经营目标

4. 人员扩充计划

5. 市场和业务开拓计划

6. 拟定上述计划所依据的假设条件

7. 实施上述计划面临的主要困难和拟采取的措施

8. 发展计划与现有业务的关系

9. 本次募集资金运用对实现上述业务目标的作用

七、财务预测与分析

1. 财务分析说明

2. 财务分析假设

3. 财务数据预测说明

4. 公司未来 5 年财务报表

5. 财务分析

八、风险分析及对策

1. 政策风险及对策

2. 市场风险及对策

3. 人员与技术风险及对策

专栏 3.2

商业计划书正文内容

第一部分　概览

1. ××公司简介

××公司概况如下：

公司名称　　　　　　成立时间

注册资本　　　　　　注册地点

法定代表人　　　　　主营业务

历史沿革

目前公司主要股东情况：

股东名称　出资额　出资形式　股份比例　联系人　联系电话

2. ××公司控股股东、实际控制人简介

3. ××公司业务发展目标

4. 本次融资计划

计划股权投资的金额　　　　准备出让的股权比例

（公司以××年预计净利润为计算基础，通过引进××万元现金投资的方式引入投资者，投资者持有公司××%股份。）

5. 募集资金用途

序号	项目名称	总投资额
1		
2		
3		
4		
合计		

6. ××公司未来5年盈利预测

7. 风险与对策

第二部分　××公司基本情况

1. ××公司简介

2. ××公司股权结构

3. 融资完成后××公司股权结构

4. ××公司管理团队

姓名	性别	职位	学历	主要经历

5. 主要负责人介绍

第三部分　××公司竞争优势

1. 竞争优势

1.1 品牌优势

1.2 团队优势

1.3 资源优势

2. 商业模式和 SWOT 分析

SWOT	项目	分析
优势（Strength）	品牌优势	
	团队优势	
	资源优势	
	宣传优势	
	成本优势	
劣势（Weakness）	成长期劣势	

续表

SWOT	项目	分析
机会（Opportunity）	市场需求强劲	
	市场扩张	
	业务扩张	
威胁（Threat）	金融海啸	
	潜在进入者	
	替代品	

第四部分　××公司业务介绍

1. 第一事业部
2. 第二事业部

……

第五部分　行业及市场分析

1. 行业情况

行业发展情况及趋势，哪些因素的变化对产品利润、利润率影响较大，进入该行的技术壁垒、政策限制等。

2. 市场潜力

市场规模、市场前景及增长趋势分析。

第六部分　发展战略及目标

1. 发展战略
2. 发展战略具体规划
3. 主营业务经营目标

围绕发展战略及发展规划，××公司确定了未来 5 年的经营目标：公司将通过增资扩股方式募集××万元人民币的资金，该资金将主要用于团队建设、营销网络建设、业务领域拓展及宣传推广活动。随着××公司知名度的提升及各种项目的顺利实施，将进一步巩固公司在××行业的领先地位。通过构建全国性的合作机制，大幅提升市场份额，主营业务及净利润将保持高速增长态势，2010～2011年销售额年增长率达到××%，实现2010年净利润××万元人民币的中期目标，2014年净利润××万元人民币的远期目标。

为实现业务经营目标，公司将切实做好如下事项：

引进投资者，筹集企业发展所需资金。

整合公司优势资源，形成品牌合力，为公司长远发展做好规划。

完善公司架构，提升各业务部门对公司的贡献能力。

优化人力资源结构，加强企业内部管理，提高管理效率，降低管理成本。

扩大发展各地区分公司，完成扩张部署。

......

4. 人员扩充计划

根据战略发展目标，××公司将持续实施人才战略，建立一支高素质的员工队伍，保持公司强大的核心竞争力。

4.1 按需引进、优化人才结构。高薪聘请有实践经验与能力的管理人才、资本运作人才，建立一支具有强大业务能力及凝聚力的人才队伍。

4.2 建立和完善培训体系，采用多种培训方式，提高员工职业技能。

4.3 进一步完善现有激励机制，建立公正、公平、公开的考核体系，激发管理人员的管理创新能力和专业人员的专业能力。

5. 市场和业务开拓计划

公司总部设在北京，公司的业务扩张将以一、二级城市为主，即各省省会及经济发达城市。

在其他城市开设分支机构

与学校及机构开展合作

发展巩固合作校

与外地联合举办报告会

......

6. 拟定上述计划所依据的假设条件

本次发行能够顺利完成，募集资金及时到位。

国家宏观政治、经济和社会环境处于正常的发展状态，没有对发行人发展产生重大影响的不可抗力因素出现。

发行人经营所遵循的现行法律、法规及国家有关行业政策无重大变化。

公司所处的行业处于正常的发展状态，没有出现重大的市场突变情况。

募集资金投资项目能按计划组织实施并如期完成。

7. 实施上述计划面临的主要困难和拟采取的措施

7.1 实施上述计划面临的主要困难

资金瓶颈

本公司未来发展计划的实现，需要大量的资金投入作保障。如果为维持公司快速发展所需的资金来源得不到充分保障，将影响到上述目标的实现。

管理水平的制约

现阶段，本公司净资产规模相对较小，管理架构相对简单。如果公司本次发行成功，随着募集资金的运用和企业经营规模的扩展，本公司的资产规模将发生重大变化，公司在机制建立、战略规划、组织设计、运营管理、资金管理和内部控制等方面的管理水平将面临更大的挑战。

7.2 确保实现上述计划拟采用的措施

利用好募集资金

如果本次增资扩股取得成功，将为公司实现上述业务目标提供资金支持，公司将认真组织募集资金投资项目的实施，快速提升市场份额，增强公司的综合竞争力。

进一步完善公司的法人治理结构

公司将严格按照《公司法》等法律法规对上市公司的要求规范运作，进一步完善公司的法人治理结构，强化各项决策的科学性和透明度，促进公司的机制创新和管理升级。

加快对优秀人才的培养和引进

公司将加快对优秀人才，特别是管理人才和市场营销人才的培养和引进，进一步提高公司创新能力和产品的销售能力，确保公司业务发展目标的实现。

8. 发展计划与现有业务的关系

本公司的业务发展计划是依托公司在××行业强大的整体实力，以公司现有人才、技术、业务为基础而做出的战略规划，是公司现有业务的全面拓展和提升，符合公司的总体发展战略。

发展计划如果能顺利实施，将有利于扩大公司市场份额，有利于继续开拓各种新产品，做大产业规模，提升公司在××行业的核心竞争力和综合实力。

9. 本次募集资金运用对实现上述业务目标的作用

本次募集资金的运用对于公司实现未来发展规划具有重要的意义，主要体现在：

将为公司迅速进入新的市场打下基础，同时也能满足营运资金日益增长的需求。

有利于公司开拓新的业务领域，形成新的利润增长点，加强企业竞争力。

有利于公司网罗专业人才，形成核心申请团队，加强企业号召力。

有利于公司全面提升市场份额，面对激烈的市场竞争，立稳脚跟，发展壮大。

综上所述，本次募集资金的运用将进一步提高本公司在××行业的综合竞争力，有利于提升本公司的市场地位，有利于本公司经营目标的实现，有利于提高公司的知名度和品牌影响力，有利于增强公司对优秀人才的吸引力。

第七部分　财务预测与分析

1. 财务分析说明

根据公司规划和行业情况，原则上根据我国财政部颁布的会计准则、会计制度和有关的法律规定，对本项目进行财务分析。在具体操作时遵循重要性原则，对运营期间预测的投资、收入、费用、成本、损益和现金流量做了一定的合并和处理。为了保证预测分析的客观性和真实性，预测分析所采用的数据均进行了多种途径的测算和验证，从而确保了分析结果的可信度和准确性。

本分析中各种数据，是通过调查国内该行业的有关资料，并通过分析统计制定的，具有宏观性满足统计规律的特点。在本项目的财务分析中，能够比较好地、大致地反映项目的收益价值状况。但在具体实施中，还有大量的、次要的不确定因素，甚至有时还会出现重大的偶然因素存在，可能与本分析存在一定的差异。

本分析采用的财务数据均较为保守，也未考虑项目计算期后的流动资产、固定资产和无形资产减值准备。因而如果排除这些因素的影响将使本项目的财务分析预测结果对实际运营更能经受风险，更具有可行性。

2. 财务分析假设

本财务分析设定整个经济运行环境不会产生很大的波动，国内和国际政治、社会环境保持基本稳定状态。在财务评析方面按我国现行会计准则和会计制度执行，固定折旧采用直线法摊销。

我们强调，实施本项目所依据的条件有：

2.1 在企业持续经营下进行评析；

2.2 企业执行的会计政策保持稳定；

2.3 国家的产业政策明确而稳定；

2.4 国家税收政策保持稳定；

2.5 项目涉及的相关法律手续齐全；

2.6 项目的资金能够按需融入，保证项目的顺利进行；

2.7 项目收入能够按计划实现，保证项目的现金流量；

2.8 项目的实际成本和费用不高于项目经济分析测算时所依据的标准。

3．财务数据预测说明

3.1 收入预测

3.2 成本预测

（1）成本估算说明

（2）固定资产折旧采用年限平均法

（3）无形资产按 10 年摊销于成本支出，开办费按 5 年平均摊销

（4）长期股权投资情况

（5）管理费用

（6）营业费用

（7）营业税金及附加

出于谨慎性要求，在进行财务预测时，税金税目按主要税种进行估算，其税率按国家正常税率计算。其中，营业税税率为 3％，城建税税率为营业税的 7％，教育费附加为营业税的 3％。图书发行按业务分成收入估算营业税，未考虑增值税。

（8）企业所得税

年度企业所得税税率为 25%。

（9）其他税项

按税法规定执行。

（10）法定盈余公积金

（11）少数股东权益

4．公司未来 5 年财务报表

表 1：未来 5 年预测利润表

表 2：未来 5 年预测现金流量表

表 3：未来 5 年预测资产负债表

表 4：未来 5 年公司主要财务指标预测表

5．财务分析

5.1 现金流量分析

5.2 损益分析

5.3 资产负债分析

第八部分　风险分析及对策

1．政策风险及对策

风险：××行业的特殊性决定了政策风险永远不能忽视。政策层面的风险和不确定性有可能导致整个市场萎缩。……

对策：为了尽可能地降低政策风险，应积极关注政策动向，并及时调整业务模式和经营方式。……

公司将加强管理团队公关能力，保持与相关部门的良好关系。同时公司成立专门的项目组，研究国家的政策法规，做充分的准备能够积极主动地避开政策风险。

2．市场风险及对策

风险：××公司的商业模式尚未经过市场的充分验证，××公司作为市场先行者必须承担开发市场的投入与风险。同时，市场上的竞争对手也是不可忽视的风险因素。……

对策：为了实现公司规划的战略目标，需要在短期内迅速地占领市场，从而领先现有的或潜在的竞争对手，始终保持市场竞争优势。……

××公司在业务发展的过程中，努力完善运营、品牌、销售、财务和法律等经营环节，秉承脚踏实地、一步一个脚印的严谨作风，将公司风险降到最低。

3. 人员与技术风险及对策

风险：公司属于××行业，员工素质及技术的专业性与否决定了公司是否具有前景。而员工素质及技术的关键是人才。人才缺口主要集中在优秀企业管理人员、专业技术人员和市场推广人员上。如何吸纳并保有人才对公司的发展壮大至关重要。……

对策：公司将通过制度和各项措施保证员工与企业共同发展。对于市场激增而大量需要的人员，公司将本着"广泛吸引和自主培养相结合"的思路，在大量引进人才的基础上，不断通过岗位培训、岗位评估、能力认定、培训考核、经理人选拔等措施，为每位员工制定出一条个性化的发展路径，既保证了使用人才不拘一格，也避免了人才快速流动造成的风险。……

一份好的商业计划书是股权投资机构和企业开展业务的前提。如果企业没有一份像样的商业计划书，企业聘请的投融资顾问或者股权投资家通常也会帮助他们制作一份。通过商业计划书，全面介绍企业情况，说明企业的技术优势、人才优势、市场潜力和企业发展前景，从而获得股权投资机构的投资认可，获得投资。商业计划书是股权投资家初步了解创业企业的媒介和桥梁，是股权投资家评估投资项目的重要依据。因此，一份成功的商业计划书，对企业获得融资有着重要的作用和意义。

② 保密协议

在企业向股权投资家提供商业计划书时，通常都会同时递交保密协议。因为商业计划书中全面介绍了企业的公司概况、财务情况、业务内容等信息，这些内容很多是企业的商业机密，如果让企业的客户和竞争者了解到这些信息，可能会使企业在市场竞争中处于不利地位。

而且，一家股权投资机构开始与创业企业进行接触、洽谈，企业向股权投资机构提供商业计划书，股权投资机构据此进一步了解企业信息，但最终并不一定会对企业投资。事实上，股权投资机构会收到大量的商业计划书，而最终能够获得投资的只是其中很少的一部分被股权投资机构看好的企业。所以，双方通常会约定，企业向股权投资家提供的企业资料和信息只能用作投资决策依据，而不能以其他目的使用。

除了商业计划书中通常会包含保密协议，股权投资机构在和企业开始洽谈投资之时，也可能会独立地签订保密协议，以保证企业的信息不会外泄。

商业计划书中的保密协议（保密须知），通常会在商业计划书封面的下一页，即目录的前一页，内容也比较简单。下面我们来看一个保密协议（保密须知）的文本范例。

专栏 3.3

保密协议

本商业计划书属商业机密，所有权属于××公司。其所涉及的内容和资料仅限于有投资意向的投资者使用。收到本计划书后，收件人应即刻确认，并遵守以下的规定：

1、若收件人不希望涉足本计划书所述项目，请按上述地址尽快将本计划书完整退回。

2、在没有取得××公司的书面同意前，收件人不得将本计划书全部和/或部分地予以复制、传递给他人，影印、泄露或散布给他人。

3、应该像对待贵公司的机密资料一样的态度对待本计划书所提供的所有机密资料。

本商业计划书不可用作销售报价使用，也不可用作购买时的报价使用。

授方：

签字：

公司：

日期：

可见，商业计划书中附带的保密协议内容通常非常简单，一般就在一页纸之内。如果是股权投资机构与企业单独签订的保密协议，通常内容会更多一些，下面给出一个单独签订的保密协议的文本范例。

专栏3.4

保密协议

甲方：（股权投资机构名称）

联系地址：

法定代表人：

联系电话：

传真：

乙方：（企业名称）

联系地址：

法定代表人：

联系电话：

传真：

鉴于：

双方就甲方管理的基金拟投资乙方可能性进行探讨，在此过程中，双方均将向对方透露或提供己方及己方所掌握的第三方的秘密信息。

为避免双方相互提供的秘密信息被对方透露给公众或任何第三方，给双方造成经济损失及其他损失，经友好协商，双方就相互提供的秘密信息的取得和保密等有关事宜达成如下协议，以资共同遵守。

第一条　本协议所称秘密信息是指双方相互提供的己方所有的商业秘密、技术秘密，以及己方所掌握的任何第三方的商业秘密、技术秘密以及其他具有保密性的信息。

第二条　第一条所述商业秘密包括但不限于：

2.1 信息提供方的企业发展战略及实施计划；

2.2 信息提供方的经营、投资计划；

2.3 信息提供方的内部管理信息，包括其业务、人事、财务、行政、客户管理制度、策略、方法、实施体系等；

2.4 信息提供方的财务数据、状况等财务信息，包括其纳税情况及其员工收入状况及纳税情况；

2.5 信息提供方的社会关系网络、人力资源及客户信息；

2.6 信息提供方所尽调的项目信息，包括但不限于第三方 2.1 至 2.5 条信息；

2.7 按照法律和协议，信息提供方对第三方负有保密责任的第三方的上述商业秘密。

第三条　第一条所述技术秘密包括但不限于：信息提供方所有的以及信息提供方所知悉的第三方的尚未公开的成熟的非专利技术和处于研发阶段的未成熟的技术信息。

第四条 本协议中的信息提供方指提供本协议约定的秘密信息的一方，如无相反说明，包括信息提供方掌握秘密信息的董事会成员、监事会成员、高级管理人员及业务人员。该等人员应信息接受方要求为鉴于项中所述目的在任何场合提供给信息接受方的符合本协议第一条、第二条、第三条所约定内容和特征的任何信息均视为本协议约定的秘密信息。

第五条 本协议中的信息接受方指接受本协议约定的秘密信息的一方，如无相反说明，包括信息接受方接受和掌握秘密信息的董事会成员、监事会成员、高级管理人员及业务人员。该等人员为鉴于项中所述目的在任何场合所接受的由信息提供方提供的符合本协议第一条、第二条、第三条所约定内容和特征的任何信息均视为本协议约定的秘密信息。

第六条 信息提供方如未做相反说明，其在本协议有效期内以传真、电话、电子邮件、邮政快递、速递、挂号信、当面递交、当面告知等方式向信息接受者提供的符合本协议第一条、第二条、第三条所约定的内容和特征的信息均受本协议约束，该信息的表现形式可以为书面的、口头的、图形的、电磁的或其他任何形式的信息，包括但不限于数据、模型、样品、草案、技术、方法、计划、仪器设备和其他信息。

第七条 双方同意相互交换本协议约定的秘密信息的唯一目的是本协议鉴于项中约定的目的，双方均承诺不将因此而取得的对方秘密信息用于其他用途，任何将对方秘密信息用于其他用途的行为均被视为对保密义务的违反。

第八条 信息接受方应以对待自己同等重要的保密文件一样的谨慎态度对待信息提供方提供的秘密信息，信息接受方应要求其获悉秘密信息的所有人员采取必要的措施对收到的秘密信息进行存档和保密，避免任何第三方及信息接受方的无关人员以任何方式获得此秘密信息。

第九条　信息接受方不得在任何地点以任何形式将其获悉的秘密信息分发、披露或散布给特定的或不特定的任何机构和个人，包括但不限于其股东、开办单位、上级主管单位等。信息接受方应保证其董事会成员、监事会成员、高级管理人员及雇员不以任何形式或方式将秘密信息分发、披露或散布给特定的或不特定的任何机构和个人。双方均承诺对其董事会成员、监事会成员、高级管理人员及雇员将对方的秘密信息分发、披露或散布给任何机构和个人的行为负责，但有证据证明接受信息方的董事会成员、监事会成员、高级管理人员及雇员所透露之秘密信息是从信息提供方和信息接受方以外的途径获得的除外。

第十条　信息接受方在收到任何第三方以任何方式发出的对于本协议约定的秘密信息的询问、求证、访问时，应以该秘密信息不知情者的身份用"不知道、不清楚、不了解"等方式作出回复。任何类似于"是"或"不是"等明确的肯定或否定的答复均被视为对保密义务的违反。

第十一条　信息提供方的秘密信息的部分或个别要素虽被披露成为公知信息，但该信息的其他部分或整体尚未成为公知信息的，信息接受方仍应按本协议约定对未公开部分的信息履行保密义务。

第十二条　双方同意下列信息不属于本协议所定义的秘密信息，因而不受本协议的约束：

12.1 信息接受方向第三人所透露的其从信息提供方获得的信息，是已被信息提供方或其他机构或个人以任何方式予以公开的信息。

12.2 在信息接受方收到信息提供方提供的信息之前即已通过合法渠道获悉的信息或虽通过不合法渠道获悉但信息接受方对此无过错的信息。

第十三条　在信息提供方提供的秘密信息以任何方式送达信息

接受方之前，信息接受方对该信息的保密不承担任何责任。送达途中因任何原因发生的任何泄密行为由信息提供方追究泄密者的责任。在信息提供方提供的保密信息送达信息接受方之后，该保密信息因信息接受方被盗、被抢、丢失等意外原因被泄露，由信息接受方承担责任。

第十四条 因信息接受方提供错误的电话号码、传真号码、电子邮箱、邮寄地址、信息接收人等联系方式导致保密信息被泄露，由信息接受方承担责任。

第十五条 任何一方对另一方秘密信息的泄露，无论泄密方有无过错，均不能成为被泄密方有权故意泄露泄密方秘密信息而不承担责任的合法理由，但被泄密方应采取必要措施以防止因秘密信息泄漏而导致损失的进一步扩大。

第十六条 本协议自盖章之日起生效。本协议有效期为两年，自生效之日起两年内自动终止。双方亦可在有效期届满前通过协商提前终止本协议。

第十七条 本协议终止后双方所交换的所有本协议涵盖的秘密信息应依照信息提供方的要求进行处理，或者返回信息提供方，或者由信息接受方销毁。

第十八条 本协议适用中华人民共和国法律法规的规定，并在所有方面依其进行解释。由本协议产生的一切争议由双方友好协商解决。协商不成，任何一方有权向合同签订地、原告住所地和被告住所地有管辖权的人民法院提起诉讼。

第十九条 本协议正本一式二份，双方各执一份，具有同等的法律效力。

甲方：　　　　　　　　　　　　乙方：

授权代表：　　　　　　　　　　授权代表：

日期：　　　　　　　　　　　　日期：

3. 投资意向书（投资合作框架协议）

股权投资家阅读了企业的商业计划书，并与企业家进行了洽谈沟通，了解了企业的经营状况。如果股权投资家对企业产生了兴趣，看好企业的发展前景，有了投资意向，双方就可以进一步签订投资意向书，即投资合作框架协议。之所以称为投资"意向书"，从字面上就可以看出主要是一种意向，在法律上，对于投资者和企业基本上没有约束力。也就是说，即使签订了投资意向书，也不意味着投资者就必须按照投资意向书规定的内容对企业进行投资。

当然，投资意向书除了表达投资者对企业的投资意向外，也有一些条款对交易双方构成一定的约束，有其重要意义。比如，在投资意向书中，通常会包含"排他性条款"。所谓排他性条款，就是说协议规定目标企业与投资者进行交易的一个独家锁定期。在这个期限内，目标企业不能与市场上的其他投资者进行类似的交易谈判。再比如，投资意向书中，通常也都会包含"保密条款"，协议规定各方对他方的商业秘密承担保密义务。这些条款是具有法律约束力的。

下面以一份真实的投资意向书作为文本材料，介绍投资意向书的内容。当然，在实际操作过程中，投资意向书中每个条款的具体内容，应根据具体情况做出相应的调整。

专栏 3.5

投资合作框架协议

甲方：（股权投资机构名称）

注册地址：

法定代表人：

乙方：（企业名称）

注册地址：

法定代表人：

甲方为……；乙方为……。乙方拟引进战略投资者，……（计划实现目标）。经甲、乙双方协商，现达成如下合作框架协议。

第一条 乙方计划以增资方式引入战略投资者，甲方（或其管理的人民币投资基金，下同）有意向投资于乙方。

第二条 甲方拟本次投资乙方人民币约为××万元，占乙方本次股权转让及增资后约××%的股权比例。甲方本次入股乙方的作价，以乙方××年度净利润××万元为计算依据，全面摊薄后的投资市盈率在××~××倍之间。

甲方最终出资金额及持股比例，将按照上述原则，根据乙方××年实际实现的净利润，在正式投资合作协议中予以确定。

第三条 甲方承诺

3.1 本协议签署后，甲方将采取积极行动。……

3.2 本协议签署后，甲方将协调相关资源，从战略规划、产业整合、市场拓展、管理提升、团队优化、品牌建设等方面为乙方提供专业化增值服务，推进乙方做大做强。

3.3 本次投资完成后，甲方根据实际投资情况向乙方董事会推选 1 名董事人选，甲方通过董事会、股东会参与乙方管理，原则上不参与乙方的日常经营管理。

第四条 乙方承诺

4.1 根据甲方投资决策的需要，乙方及丙方向甲方提供相关经营及财务信息，积极配合投资前尽职调查工作（尽职调查工作将于××年××月××日之前启动）。乙方确保提供给甲方的信息真实、准确、完整。

4.2 乙方完成为确保乙方未来健康发展及顺利上市所必需的内部资产和股权架构重组工作，具体重组方案各方另行共同协商确定。

4.3 乙方及其关联方在中国境内没有投资、经营任何与乙方主营业务有竞争或利益冲突的企业或业务。

4.4 甲方本次对乙方的增资资金，不用于与乙方主营业务无关的投资、资金拆借或挪作他用。

第五条　投资者保护条款

5.1 乙方承诺，乙方××年实际实现净利润不低于××万元，且2013～2015年每年以不低于××%的增长率进行增长。

5.2 乙方制订申报上市的具体工作计划。如果乙方在合理期限内未完成上市，则甲方可以选择要求乙方或丙方受让甲方本次投资所形成之股权，并按照保证甲方年复合投资收益率不低于××%的水平确定回购价格。

5.3 甲方本次投资所形成之股权具有优先清算权、优先认购权、反稀释权、附随出售权、共售权、卖出选择权。

上述有关投资者利益保护的具体内容在正式投资合作协议中明确约定。如果乙方已经上市成功，上述5.2、5.3项保护条款可予终止。

第六条　其他事项

6.1 本协议所称的净利润，以具备证券从业资格的会计师事务所审计后的乙方净利润扣除各项非经常性损益和少数股东权益前后较低者为准；非经常性损益的口径，以中国证监会当时发布的有效规定为准。

6.2 本协议自甲、乙双方签字盖章之日起生效，有效期12个月。本协议有效期内，除非经双方协商终止投资合作关系，乙方不再接受其他投资机构对乙方的尽职调查。

6.3 双方相互保证为本次投资目的提供给对方且经双方确认的所有资料的真实性、完整性，并承诺对知悉对方的商业秘密承担保密义务，否则将对对方所遭受的相关损失承担赔偿责任。

6.4 本协议为甲方投资乙方之意向性协议。本协议双方应尽最大努力在签署正式投资合作协议时体现及包含本协议的内容及原则。本次投资中双方的权利义务及其他具体事项，以双方共同签署的正式投资合作协议及其补充协议为准。

6.5 本框架协议一式两份，甲、乙双方各执一份。

甲方：

法定代表人或授权代表：

日期：

乙方：

法定代表人或授权代表：

日期：

签订了投资意向书后，股权投资机构就开始对目标企业进行尽职调查，形成尽职调查报告。当股权投资机构的审批完成以后，双方就会签署正式的投资合同书。正式的投资合同书通常是以投资意向书为基础，在此之上通过讨价还价达成的，具体的形式与投资意向书类似，但是投资合同书的所有条款都将具有法律效力，受法律保护。

4. 尽职调查

项目通过初步审查，与目标企业签订了投资框架协议之后，进入尽职调查阶段（Due Diligence）。尽职调查是股权投资机构进行投资项目选择过程中最重要的阶段，股权投资机构的项目评价和投资决策的依据主要在这一阶段获得。

在尽职调查过程中，股权投资机构会从宏观和微观的角度详尽地调查企业的信息。调查的内容涵盖目标企业管理、市场、技术、财务、人力资源、政策、法律等方面的内容。股权投资机构会从企业内部和外部获取信息。尽职调查过程也是股权投资机构和创业企业家充分接触和了解的过程。在这个过程中，股权投资机构对创业企业家的领导能力、决策能力、沟通能力、责任感等进行观察和了解。因为企业能否取得成功，与企业管理层尤其是创始人的个人素质有着密不可分的关系，起着决定性的作用。同时，在尽职调查过程中，股权投资机构也就会投资合同的主要部分，比如投资额、股份比例、企业上市规划，以及管理层和员工持股计划及期权计划等方面与目标企业管理层进行初步探讨。另外，通过与目标企业的进一步接触，也可以了解到目标企业对于股权投资介入的可接受程度，为下一步的投资合同谈判打下基础。

尽职调查通常包括企业基本情况、管理团队、财务状况、行业及市场情况、风险因素等内容，股权投资机构进行尽职调查时通常有以下原则和特点。

①独立性

股权投资机构能够独立地进行尽职调查并做出自己的判断，股权投资机构和尽职调查人员均保持独立，这样得到的调查结果才是可信赖、值得借鉴的。

②保密性

保密性是尽职调查过程中的重要原则。因为尽职调查过程会涉及企业最核心的部分，很多是企业的商业秘密，如果在尽调过程中不注意做好保密工作，一旦企业的商业秘密或先进技术泄露，可能会对企业产生不利的影响，影响到企业未来的盈利，也会影响到股权投资机构未来的投资回报。

③系统性

股权投资机构对企业进行尽职调查，目的是全面了解企业的真实情况，要确保尽调的系统性，调查内容要全面，从而保证得出的调查结果是客观、可信的。

④客观性

客观性不仅是尽调过程的要求，而是在整个投资过程中都始终要坚持的重要原则。要客观地对企业进行评价，尤其是对项目团队的领袖，一定要保持公正客观，才能保证尽调结果的真实、准确。

⑤风险性

股权投资机构通过尽职调查得到的结果中，很多是对未来的预测，有很强的预见性。因此，尽职调查具有很大的风险性，毕竟未来发生的很多状况是无法准确预见的。当然，随着尽调体系和尽调程序地不断完善，风险是可以被逐渐降低的。

⑥目标性

股权投资机构尽职调查的目标非常明确，在尽职调查开始之前，股权投资机构通常都会拟定好一份尽调清单，列明需要了解的事项。在具体的操作中，股权投资机构不可能简单地把清单直接发给企业，让企业填写完毕后寄回，而是深入到企业内部，对企业进行多方位的调查，从而了解清单上的每一项内容。同时，尽职调查的目的也是明确的，股权投资机构以此做出投资决策，决定是否对目标企业进行投资。

下面，我们来看一份真实的尽职调查的目录，来了解一下尽职调查的庐山真面目。

专栏 3.6

尽职调查目录

1. 公司基本情况

　1.1 注册登记信息

　1.2 经营主体描述

　1.3 关联方描述

2. 业务与管理

　2.1 产品与服务

2.1.1 产品或服务描述

2.1.2 产品

2.1.3 客户

2.1.4 区域

2.1.5 销售方式

2.1.6 采购

2.1.7 生产

2.1.8 营销

2.1.9 技术与研发

2.1.10 财务管理

2.2 商业特征

3. 团队与治理

3.1 实际控制人

3.1.1 详尽履历

3.1.2 综合评价

3.2 高管团队

3.2.1 高管团队简历

3.2.2 综合评价

3.3 人力资源

3.3.1 薪酬与社保

3.3.2 激励约束机制

3.4 股权

3.5 公司治理

3.5.1 公司治理情况

3.5.2 公司组织架构

3.5.3 企业文化

4. 财务与审计

4.1 公司简介以及合并范围

7.3 与竞争相关风险

8. 投资分析

8.1 资金模型

8.2 盈利预测

8.3 上市可行性判断

9. 私募与上市

9.1 私募方案

9.2 交易结构

9.3 上市方案

9.4 收益测算

9.5 增值服务与要点

10. 投资建议

11. 附录

可见，股权投资机构对目标企业进行尽职调查，会从各个角度了解企业的情况来评估企业的收益和风险，对企业做出客观的评价。这就好像结婚前谈恋爱的过程，双方需要相互充分地了解，才能真正地把握彼此，在了解了对方之后，再走入婚姻的殿堂，也就是股权投资机构对目标企业进行投资，展开合作。

5. 价值评估

评估是股权投资基金基于尽职调查所得到的企业历史业绩、预期盈利能力等资料，通过科学的价值评估方法对企业价值进行评估的过程。企业的价值评估是双方最关心的问题，在股权投资机构与企业谈判的过程中，企业的价值也往往是谈判的核心内容。

对企业进行价值评估的方法主要有：账面价值法、现金流折现法、市盈率法等。

【1】 账面价值法（历史成本法）

账面价值法是基于公司会计核算的账面价值的评估方法，遵循历史成本原则的计算方法。

账面价值法的优点是企业的账面价值可以从财务报表中直接获得，直观易懂，运用时比较简单。

缺点是资产、负债的确认和计量会涉及人为估计和判断，而且不适用于拥有大量无形资产的企业评估。另外，这种方法不能反映企业未来的经营能力，特别是企业获利能力较强时，评估结果并不能反映企业的真实价值。

【2】 现金流折现法

现金流量折现法是指对企业未来的现金流量及其风险进行预期，然后选择合理的贴现率，将未来的现金流量折合成现值对企业进行估值。现金流量折现法是西方企业价值评估方法中使用最广泛、理论上最健全的一种方法。

现金流量折现法的优点在于注重企业未来经营状况及获利能力，并具有坚实的理论基础，较为科学和成熟。当与其他方法一起使用时，现金流量折现法所得出的结果往往是检验其他模型结果合理与否的基本标准。

缺点在于现金流量折现法要求对未来现金流量做出预测，而我国现行的企业会计制度很难准确地做到这一点，预测时需要对有关市场、产品、定价、竞争、管理、经济状况、利率之类做出假定，因而准备性减弱。因此，在实际操作中，我国股权投资基金在对企业进行评估时，较少使用这种方法对企业进行估值。

③ 市盈率法

市盈率法是目前市场上最常用的企业估值方法。市盈率（P/E）是股价与收益的比率。市盈率模型的基本原理是在预测企业收益的基础上，根据一定市盈率来评估企业的价值。

目标企业价格 = 目标企业预期收益 × 市盈率

运用市盈率模型计算企业价值的要点：

①确定适当的市盈率。由于目标企业并未上市，没有自身的市场价格，因此，只能采用比较方式选用与目标企业具有可比性的已上市企业的市盈率或者整个行业的平均市盈率。其次，要对标准市盈率进行调整，依据企业的不同情况和风险状况，确定恰当的市盈率。

②预测收益。对目标企业盈利的初步预测通常是由企业管理层在商业计划书中做出，但这种预测是建立在通过一系列预测假设得出的企业业务计划的基础上，因此股权投资基金通常需要对盈利预测进行审核。在股权投资基金对企业盈利预测审核的基础上，考虑企业在得到投资后所能获得的改善，对未来收益进行评估。

市盈率法能反映目标企业的风险性与成长性，在我国股权投资实际操作中，股权投资机构大多采用市盈率法对企业进行估值。

6. 投资后管理

股权投资机构对企业进行投资后，要对企业进行投资后管理。投资后管理是股权投资家对某一项目进行投资后的一个不可缺少的重要阶段。股权投资机构的投资后管理包括为企业提供管理咨询、募集追加资本、对企业实施监控等活动，提供资金的同时为企业提供各种增值服务，从而促进企业快速成长升值。

【1】 帮助企业制定发展战略和规划

股权投资家在对企业进行投资以后，会帮助企业制定发展战略和规划。股权投资家往往是某一个行业的专家，对该行业有着深入的研究，因此会利用自身对企业情况、行业发展状况、市场潜力和变化趋势的了解和把握，帮助企业制定业务发展策略，明确商业模式。他们将利用在企业董事会中的重大影响，指导和帮助被投资企业分析其内外部环境，并制定正确的企业发展战略和规划，从而推动企业的发展。

【2】 帮助企业筹集后续资金

股权投资机构对企业进行投资，很少把企业完成商业计划所需要的全部资金一次性全部投入，而是根据企业发展的情况分阶段投入资金。企业持续不断地发展，不同阶段会有不同的资金需求。股权投资机构一旦把资本注入被投资企业中，双方就形成了一个利益共同体，股权投资机构的投资收益情况取决于被投资企业的盈利情况。因此，在企业不断发展的过程中，股权投资家不仅要考虑在下一阶段自身是否需要追加投资，还要考虑是否需要联合其他投资者投资，从而来满足企业不同阶段的实际资金需求，确保企业的发展。

【3】 参与组建管理团队，完善企业内部治理结构

一个企业能否获得成功，管理团队的素质和水平起着决定性的作用。股权投资机构把资本注入企业的同时，往往会利用自身的人力资源网络，为被投资企业选聘高级管理人才，与创业企业家一起组建成一个互补、协作的管理团队。同时，股权投资机构也会培养和提高被

投资企业原管理层的管理水平，提高企业的管理能力。

股权投资机构会帮助企业完善内部治理结构，明确股东会、董事会、监事会及企业管理层的责权利，以制度的设立与规范制约投资者与经营者的行为，使企业形成规范化的管理体系。

【4】 监控企业财务状况

股权投资家通常都具有良好的财务知识背景，在财务方面受过系统的专业训练，擅长财务分析。股权投资家会要求被投资企业定期向其提交财务报表，从而了解被投资企业的经营业绩及财务状况。股权投资家要及时把握被投资企业的财务及生产经营状况，判断企业可能出现的财务风险及原因，并制定相应的措施来控制和防范财务风险，以确保企业的健康发展。

【5】 设计退出计划

实现投资变现退出，是股权投资成功的关键，股权投资成功与否以及投资效率的高低在退出安排中得以体现。通常来说，在投资开始之前，双方就对股权投资的退出计划有所安排，但是最终选择在何时、采用何种方式实现退出，还是要根据具体情况具体分析，既要考虑宏观经济和市场环境，又要考虑企业自身发展状况。根据实际情况，股权投资机构利用其在金融业的网络和资本运作方面的优势，选择最佳的退出时机和退出方式，从而保证获得最大收益或遭受最小的损失。

除上述五点之外，股权投资机构还会利用自身的资源和优势帮助被投资企业引入客户和商业合作伙伴等，促进企业的快速成长，从而保护自己的投资。

股权投资机构的投资后管理涵盖了投资后股权投资家对被投资企业提供的各种增值服务，以及对企业的监督与控制。股权投资家积极参与被投资企业的管理，利用自身资源和优势为企业提供增值服务，从而使企业快速发展。对企业实施监督和控制是为了规避企业经营过程中可能出现的风险，尤其是被投资企业管理层的道德风险。无论是提供增值服务还是监控，目的都是为了实现股权投资资本的增值。因为股权投资资本的增值取决于企业的经营业绩，所以，在大多数情况下，股权投资机构与被投资企业形成了某种程度的利益共同体，关系也十分紧密。

第四章

股权投资基金的退出机制

1. 股权投资基金退出机制的作用

在资本市场上，股权投资机构通过筛选、考察，将资金投入目标企业中，为企业提供发展所需要的资金支持，帮助企业成长、发展，当被投资企业发展到一定程度时，股权投资机构通过退出实现其价值。

股权投资基金的退出机制，是指股权投资机构在其所投资的创业企业发展相对成熟后，将所投的资金由股权形态转化为资金形态。股权投资是以获得资本增值收益为目的的一种资本运作方式，它的最大特点是循环投资：投资—管理—退出—再投资。因此，退出机制对于股权投资来说是非常重要的一个环节，股权投资机构在合适的时机将投资从被投资企业中退出，实现资本增值或损失维持在最小，从而使整个股权投资基金实现一个完整的周期循环。股权投资基金的退出机制是规避风险、收回投资并获取收益的关键。总结来说，股权投资基金退出机制主要有以下作用。

【1】 为股权投资基金提供持续的流动性

股权投资基金在所投资企业发展到一定阶段后将股权转化为流动性的资金是十分重要的，股权投资基金只有在不断投资—管理—退出—再投资的过程中才能实现资本的持续增值。股权投资机构在投资了一个企业后，为企业提供资金，利用自身资源为企业提供增值服务，使企业发展壮大，实现价值增值，之后股权投资基金在合适的时机以合适的方式出售股权，通过退出实现价值，将股权转化为流动性资金，再选择新的企业和项目进行投资、培育，进行新一轮的投资。

股权投资不断地参与企业和项目的投资，帮助企业发展，不断创造新的投资业绩，从而实现股权投资机构在行业内的持续发展。只有有了完善的退出机制，资本才会从一个企业和项目中顺利地释放出来，然后进入另外一个企业和项目。股权投资基金退出机制为股权投资基金提供持续的流动性，这种持续的流动性是股权投资基金能够持续发展的重要保障。

【2】 实现价值和收益

股权投资基金作为一种投资方式，是以获得资本增值收益为目的的。股权投资机构对企业进行投资的目的不是获得企业的控制权和经营权，而是想通过企业的价值增长实现投资资本的增值。因此，只有在股权投资基金实现了退出后，才能真正实现价值和收益。

股权投资的特点是"高风险、高收益"，也就是说，股权投资仅仅能够保持股权投资资本的连续性和稳定性是不够的，更重要的是在保值的同时获得尽可能多的增值，而且所投入的资本及其增值必须能够及时转化为流动性的资本形式，实现价值和收益。同时，在股权投资市场中，股权投资机构的投资业绩和声誉是其能否顺利持续募集资金的重要因素，投资者在选择股权投资机构时，会根据其过往的投资业绩进行判断，因此，股权投资基金的投资收益与其声誉紧密相连，只有取得高收益、获得理想的投资回报，才会在下一轮的资金募集中吸引投资者，从而获得更多资金。而完善、通畅的退出机制，是股权投资基金实现其投资价值和收益的重要保障，因此，退出机制对股权投资基金的持续发展是非常重要的。

【3】 规避风险

股权投资机构对企业进行投资，希望获得高额收益，但事实上，并不是每一个投资项目都能获得成功，实现预期收益。如果股权投资机构投资的项目运行得不好，业务没有明显的增长甚至逐渐萎缩失败，那么股权投资机构不仅无法获得收益，而且可能连本金都无法收回。股权投资基金的退出机制可以帮助股权投资机构降低风险，使损失降到最低水平。

2. 股权投资基金的退出方式

股权投资基金在所投资的企业发展到一定阶段时，会选择合适的时机和有利于自己的方式退出其所投资的企业，收回投资。股权投资基金的退出主要有三种方式，分别为首次公开发行、股权转让、破产清算。

【1】 首次公开发行

被投资企业第一次向社会公众公开招股称为首次公开发行股票（Initial Public Offering），简称IPO。通常而言，首次公开发行股票是股权投资机构最理想的退出方式。股权投资机构在被投资企业成长到一定程度，在证券市场首次公开发行股票，将私人权益转换为公共股权，在上市后的一段时间内，股权投资机构抛售所持有的股票实现投资收益。

①IPO 的发行市场

创业企业可以在国内证券市场和境外上市，中国大陆证券市场主要有主板市场、中小企业板市场和创业板市场，其中主板市场包括上海证券交易所和深圳证券交易所。与主板市场相比，中小企业板市场和创业板市场在上市公司规模和盈利情况等方面要求相对较低，为更多的中小企业提供直接融资的平台，也成为股权投资基金的重要退出渠道。

②IPO 的模式

创业企业在证券市场上市的模式主要有两种：直接上市和借壳上市。

直接上市是 IPO 的主要方式，按照证券市场的上市条件，通过必要的准备程序、审批流程，直接在证券市场发行股票。直接上市需要满足上市条件，有一定的企业规模和盈利年限等方面的限制，并且我国采用审批制对拟上市企业进行审批，时间周期较长，难度较大。

借壳上市又被称为买壳上市，是指拟上市公司通过收购已经上市公司的股权，获得对上市公司的控制权，从而实现间接上市的目的。借壳上市通常由两步完成，第一步是拟上市公司通过收购上市公司股份的方式，绝对或相对地控制某家上市的股份公司；第二步是通过资产置换或上市公司反向收购拟上市公司的资产等方式，将拟上市公司的资产注入上市公司中，从而实现间接上市的目的。事实上，随着证券市场的发展，一些上市公司可能由于经营的不理想，出现业绩不佳、难以为继的情况，这些公司因仍保有上市资格，被称为"壳公司"。因为这些"壳公司"具有上市资格，一些由于时间等原因难以直接上市的企业可以通过"借壳"的方式实现上市，因此"壳公司"也成为证券市场上的稀缺资源。

③IPO 的优势

第一，高额投资回报。很多研究表明，在股权投资基金的退出方式中，以 IPO 方式退出实现的价值最大，收益程度最高，IPO 退出的平均回报率明显高于其他退出方式。

第二，提高股权投资机构的知名度和市场声誉。投资业绩和声誉对股权投资机构的发展至关重要。股权投资机构拥有良好的投资业绩和声誉，有助于持续地募集资金，不断投资新的项目，创造收益，从而在股权投资行业发展。股权投资机构所投资的企业成功实现上市，有助于股权投资机构提高其知名度和市场信誉，不仅能够帮助它受到投资者的青睐，顺利募集资金，而且良好的投资业绩也会使股权投资机构受到创业企业的青睐，以更理想的价格获得有发展潜力的投资项目。

第三，保持创业企业的独立性。创业企业上市后，通过直接融资平台进行融资，尽管吸收了一些公共股东，但并不会影响创业企业的管理和运营，有助于保持创业企业管理和运营的独立性和连续性。

第四，保持后续资金的持续性。企业在发展初期所需要的资金相对较少，但是随着企业的不断发展，对资金的需求量也会不断增大，继续通过企业内部积累、银行贷款以及股权投资基金投资的方式可能都无法完全满足企业发展的资金需求。创业企业成功上市后，能够筹措到充裕的资金，同时，上市为企业长期发展筹集资金提供了持续的融资渠道。

第五，提升创业企业的知名度，企业 IPO 的准备和宣传过程，有助于提升市场对创业企业的投资热情和关注度，证券传媒对公司情况的不断报道，也会提高企业的知名度，其市场效应是任何广告都难以达到的，这可以吸引更多投资者参与企业的投资，提升创业企业的知名度和声誉。同时，创业企业可借上市机会规范自身运作，树立良好形象，吸引优秀人才，为企业发展创造条件。

④IPO 的劣势

虽然对于股权投资基金而言，IPO 是最理想的退出方式，但是这种退出方式也存在着一些劣势。

第一，公司上市后透明度提高，有信息披露要求。创业企业上市要受到证券交易所的监管，需要定期公开披露创业企业的财务状况和经营活动，企业发生的重大事项也必须及时披露。这些信息和资料在企业上市前是商业秘密，公司上市后需要信息披露，这些信息的公开使竞争对手和客户可以从中得到很多有用的资料，可能会使上市公司在市场竞争中处于不利地位。

第二，IPO 上市成本较高。股权投资基金以 IPO 方式退出成本较高，这种成本包括时间成本和资金成本。从时间成本上来说，以我国 A 股市场为例，一般来说，从中介进场开始到 IPO 发行上市大概需要一年到一年半的时间。其中分为三个阶段：一是筹划改制到设立股份有限公司六七个月左右，二是保荐机构和律师等中介机构尽职和制作相关法律文件四五个月左右，三是证监会审核要四五个月。当然这个时间不是一定的，还要看企业本身的情况和相关因素。2010 年创业板上市快的只有三四个月时间，但主板上市慢的也有三四年的。从资金成本来看，IPO 上市需要聘请中介机构进行上市的准备工作，并支付大量的前期费用，包括承销费用、注册费用、宣传费、会计费、律师费等等，这些费用也是一笔不小的支出。

第三，IPO 上市门槛较高。每个国家对首次公开上市的企业都有诸多要求和限制，这些要求包括企业规模、盈利能力、经营年限等，这些要求和限制将很多创业企业排除在外，只有那些非常优秀和有潜力的企业才能实现 IPO 上市。也就是说，对于股权投资机构而言，所投资的企业能够满足证券市场的上市条件也是一个很大的挑战。

第四，"限制出售条款"制约资本及时退出。为了稳定股价、保护大众投资者的利益，证券市场的规则和法律往往会对创业企业的股票出售进行一定的限制，通常规定在企业上市后一定期限内，公司投资者不能通过资本市场将股份变现。我国规定，上市公司控股股东和实际控制人在公司首次公开发行股票上市后 36 个月内，经交易所同意，可以在受同一实际控制人控制的或转让双方存在实际控制关系的法人中转让所持股份。为适应全流通市场发展的需要，对于在发行人刊登首次公开发行股票招股说明书前 12 个月内以增资扩股方式认购股份的持有人，要求其承诺不予转让的期限为 12 个月。这样的条款无疑为股权投资基金的退出设置了条件，股权投资机构不能在被投资企业上市后马上退出，其能够得到的真正收益还要受企业 IPO 后几年股价的影响，具有一定的不确定性。

第五，受到宏观经济的影响。首次公开发行上市后，企业的管理水平和经营状况是影响企业股价的重要因素，但企业的股价走势也在很大程度上依赖整个宏观经济的状况。宏观经济环境好，市场处于牛市时，大部分上市公司的股价走势都是上涨的；宏观经济不好，市场处于熊市时，大部分上市公司的股价走势都是不理想的。因此，股权投资机构能够获得的真正收益也同样受到宏观经济的影响。

〔2〕股权转让

股权投资机构除了通过 IPO 公开上市实现退出外，股权转让也是股权投资机构实现退出的一种重要方式。股权转让可分为出售（并购）和股份回购两种方式。

股权转让方式之一：出售（并购）。

Wright 等人（1992）[1] 研究表明，股权投资基金在选择投资退出方式和退出时间上非常灵活。尽管大多数学者强调 IPO 是股权投资机构的最佳退出方式，但是在实践中，出售给第三方是一个被普遍采用的重要退出渠道，也是最实际的一种退出方式。

①出售（并购）的概念

出售（并购）即兼并与收购。兼并又称吸收合并，指两家或者更多的独立企业合并组成一家企业，通常由一家占优势的企业吸收一家或者多家企业。收购指一家企业用现金或者有价证券购买另一家企业的股票或者资产，以获得对该企业的全部资产或者某项资产的所有权，或对该企业的控制权。兼并和收购常作为同义词使用，泛指在市场经济机制作用下，企业为获取其他企业的控制权而进行的产权交易活动。出售（并购）包括两种形式，分别为一般并购和第二期并购。一般并购是指公司间的收购与兼并；第二期并购是指由另一家股权投资机构收购，接手第二期投资。

②出售（并购）的优势

相对于 IPO 等其他退出方式而言，出售（并购）具有其独特的

---

① Wright, M., Thompson, S., Robbie, K., Venture Capital and Management – Led, Leveraged Buy – Outs: A European Perspective, Journal of Business Venturing, 1992, Vol. 7, Issue 1, 47 ~ 71.

优势。

第一，操作简单，退出成本较低。与 IPO 相比，出售（并购）更加简洁便利，操作简单，且费用较低。只需要找到合适的并购对象，双方达成并购协议，就可以进行交易，股权投资机构便可以顺利实现退出。这种方式操作简单，同时可以节省大量的上市准备、宣传等费用，退出成本较低。

第二，交易价格和方式灵活，变现快。出售（并购）不像 IPO 那样，有公开的交易标准和定价标准。出售（并购）是以交易双方议价的方式达成交易，并且通过沟通协商，对退出方式达成一致。而且，通过出售（并购）实现退出，交易周期短，也没有像 IPO 上市后的"限制出售条款"，因此可以较快地将资本变现，实现价值。

第三，收益确定。虽然对于股权投资机构来说，通过出售（并购）获得的平均收益不如 IPO 平均回报率高，但是可以实现确定的收益。不像 IPO 那样，投资收益不仅受到宏观经济状况、市场周期等很多外部因素的影响，而且实现上市后还不能马上退出。通过出售（并购）实现退出，退出的时间和价格都是双方协议约定的，因此获得的收益是确定的。

第四，没有规模限制。IPO 上市对企业有规模、盈利情况等方面的限制，而出售（并购）则没有这方面的限制，任何企业都可以出售（并购）。事实上，股权投资机构投资的很多企业尚未达到 IPO 上市条件，对于这类企业，股权投资机构可以通过出售（并购）的方式实现退出。

③出售（并购）的劣势

前面谈到了通过出售（并购）实现退出的一些优势，当然，这种方式也存在着一些弊端。

第一，失去独立性。尽管创业企业家不一定被并购方所排斥，可能会继续担任重要职务，但是由于出售后股权的变化，创业企业会失去原有的独立性。而且，对于股权投资机构而言，与通过 IPO 上市实现退出相比，通过出售（并购）实现退出不利于股权投资机构声誉的建立，在将来的资金募集和优质项目选择上可能会在某种程度上带来不利的影响。

第二，寻找并购方成本高。通过出售（并购）这种方式实现退出虽然操作简单，交易周期短，但是在正式交易开始之前，想找到合适的购买者即并购方，也不是十分容易的，需要在一些特定的行业、特定的地区中寻找合适的购买者，需要花费一定的时间、精力和费用。因此，寻找购买者的成本是较高的。

第三，可能存在信息不对称的问题。与IPO上市不同，出售（并购）这种方式没有信息公开披露的要求，因此交易双方可能存在信息不对称问题，使得交易受到一定的影响。

④并购的动因

在实际操作过程中，企业并购的动因主要体现在以下四个方面。

第一，追求协同效应，降低成本。通过并购，企业规模得到扩大，能够形成有效的规模效应，实现资源的充分整合和利用，提高企业运作效率，降低管理、原料、生产等各个环节的成本费用，从而实现 $1+1>2$ 的协同效应，提高市场份额，从而大大增强企业的竞争力和赢利能力。

第二，提高市场份额，提升企业知名度和行业战略地位。通过并购，企业规模变大，取得规模经济效益，伴随着生产力的提高，销售网络的完善，有助于提升市场份额，提高企业市场地位，确定企业在行业中的领导地位。

第三，获得先进的生产技术、管理经验、经营网络、专业人才等各类资源。通过并购，企业不仅可以获得原有企业的各种资产，还可以获得原有企业的技术和经验等，这些都有助于企业整体竞争力的根本提高，对公司发展战略的实现有很大帮助。

第四，进入新行业和市场，实施多元化战略，分散投资风险。企业进入新的行业存在技术等行业壁垒，进入新市场也同样存在着壁垒，通过并购进入一个新行业或新市场，可以有效地降低进入壁垒，降低成本和风险。

⑤并购的方式

横向并购。横向并购是横向一体化，是指两个或两个以上生产和销售相同或相似产品公司之间的并购行为。横向并购可以有效地实现规模经济和提高行业集中度，人们通常说的"大鱼吃小鱼"即体现了横向并购的特点。

纵向并购。纵向并购是纵向一体化，是指通过对原料等上游企业以及销售渠道和客户等下游企业进行并购，从而提高企业对市场的控制能力。纵向并购是发生在同一产业的上下游之间的并购，纵向并购的企业之间不是直接的竞争关系，而是供应方和需求方的关系。

混合并购。混合并购是企业在不同行业之间的并购。现在很多企业在发展过程中，为了分散风险，寻求范围经济，常常采用"多元化"的发展战略。企业为了实现多元化发展，除了通过内部投资开辟新的业务之外，通常采用混合并购的方式进入新的行业和领域。

股权转让方式之二：股权回购。

股权回购是指创业企业或创业企业的管理层通过现金、票据等有价证券向股权投资机构回购企业股份，从而使股权投资机构实现退出的行为。一般在引入股权投资机构的投资时，双方签订的投资协议中就约定了关于股权回购的内容。随着企业的发展，当股权投资机构的目标和创业企业的发展目标不相适应而有意退出时，创业企业家考虑到第三方购买企业股权可能会丧失独立性等问题，从而根据合同回购股权。或者是当企业发展状况不理想，没有达到之前约定的盈利条件时，股权投资机构需要回收资金，可根据合同要求企业管理层回购企业股份，从而实现退出。

【3】 破产清算

股权投资具有高风险、高收益的特性，不是每一次股权投资都能取得成功。事实上，一个比较好的股权投资机构在进行投资时，所投资的项目中大约最终有1/3是亏钱的，1/3不赚不亏，1/3是赚钱的，其中个别是赚大钱的。可见，股权投资机构投资的项目也有不少是以失败告终的。

当被投资企业成长缓慢或者市场出现较大波动，使得项目面临失败时，破产清算可以保证收回一定比例的投资额，减少继续经营的损失，从而将损失降到最低，并为下一个项目做好资金准备。

破产清算是股权投资机构最不愿意采取的一种方式，这是投资失败后最无奈的退出方式。一方面，通过破产清算的方式退出，股权投资机构的经济损失也是比较惨重的，可能回收的资金远远比不上之前投入的资金；另一方面，通过破产清算退出，对于股权投资机构的声誉和投资业绩是有负面影响的，说明其项目筛选能力和项目运作能力是不理想的。股权投资机构想在股权投资行业不断发展，声誉和投资业绩是非常重要的，投资项目的失败会影响到股权投资机构后续资金的募集和未来优质项目的选择。

$3.$ 股权投资基金退出的影响因素

股权投资机构退出被投资企业的方式受到多种因素的影响，包括宏观经济周期、资本市场环境、被投资企业所处行业以及股权投资机构自身情况等方面。

【1】 宏观经济周期

股权投资机构退出方式受到宏观经济周期的影响。一个完整的经济周期包括复苏、繁荣、衰退、萧条四个阶段。股票市场是整个国民经济的重要组成部分，它在宏观经济大环境中发展，经济复苏、繁荣、衰退、萧条的周期性变化，是形成股市牛市和熊市周期性交替的基本原因。股市的运行与宏观经济运行具有一致性，经济周期在很大程度上决定着股市周期，股市周期的变化反映着经济周期的变动。因此，我们常听到这句话，"股市是国民经济的晴雨表"。

宏观经济回暖，经济处于复苏和繁荣时期，股市中投资资金充裕，交易活跃，有利于股权投资机构通过 IPO 方式实现退出，获得高额收益。反之，宏观经济增速下降，经济处于衰退和萧条时期，投资者纷纷离场，股市资金量大大减少，这时通过 IPO 实现退出的难度就大大提高。

同样，宏观经济在繁荣时期，企业发展速度加快，并购活动也更加活跃。而宏观经济处于衰退和萧条时期，市场需要减少，企业发展速度减缓，很多企业面临着破产的危险，并购活动数量也明显下降。在这种情况下，股权投资机构以股权回购和破产清算的方式实现退出的比例就会有所增加。

可见，股权投资机构退出方式的选择，在很大程度上受到宏观经济环境的影响。

【2】资本市场环境

股权投资机构的退出方式除了受到宏观经济周期的影响之外，还受到资本市场环境的影响。完善的、多层次的资本市场体系对于股权投资机构的退出有着重要的意义。我国证券市场的不断完善，尤其是中小企业板和创业板的不断发展，有利于股权投资机构通过 IPO 实现退出。产权交易所的不断发展，有利于股权投资机构通过并购实现退出，获得收益。

同时，股权投资是市场上非常活跃的一种投资方式，具有高风险、高收益的特性，对法律环境的要求较高，关于不同退出方式所制定的法律法规也会影响股权投资机构的退出策略。

【3】　被投资企业所处行业

股权投资机构的退出方式也受到被投资企业所处行业的影响。具体而言，如果被投资企业处于朝阳行业，是市场所看好的行业，并且企业发展状况好，有成为行业龙头的潜力，那么通常来说，市场对这类企业具有很大的投资热情，股权投资机构通过企业 IPO 上市实现退出、获得收益的可能性较大。如果被投资企业所处行业类似企业很多，竞争激烈，那么股权投资机构通过并购的方式退出可能也是不错的选择。

【4】　股权投资机构自身情况

股权投资机构建立时间长短、对资金需求状况等自身情况也会对退出方式产生影响。比如对于建立时间较短的股权投资机构而言，出于对下一轮融资的渴望和建立行业声誉的迫切要求，大多数情况下，他们更希望通过 IPO 方式实现退出，因为这样可以提高他们在市场上的知名度和认可度。而那些在市场上已经建立了良好声誉的、有经验的股权投资机构，会更有耐心选择最佳退出时机和退出方式。

由于我国股权投资行业尚处于发展初期，建立良好声誉是股权投资机构和基金管理人的迫切需要，并且从实际情况来看，目前我国股权投资机构明显倾向于通过 IPO 方式实现退出，从而建立良好的市场声誉并获得投资收益。

第五章

PE 与企业盈利能力的关系

1. PE 与我国中小企业板和创业板的互动效应

股权投资基金主要是针对未上市公司的股权进行投资，其所持有的公司股权实现价值增值后再通过 IPO、股权转让等方式获得资本增值收益。股权投资基金是"融资"与"融智"的有效结合，不仅为被投资企业提供资金支持，而且还为被投资企业提供管理、财务、战略规划等方面的咨询与支持，从而成为金融市场中一个独特的投融资渠道。

股权投资基金的投资通常是中长期投资，只有被投资企业在若干年后获得了良好的成长和盈利能力，股权投资基金才能在退出时获得投资收益。而股权投资家的收益则取决于股权投资基金的投资收益，这是一种正向的激励。因此，股权投资基金会尽自己最大能力帮助被投资企业发展壮大，包括聘请优秀的管理人员和业内专家、深入企业内部参与流程再造等整合活动，以及通过并购提升企业在行业中的地位等等①。

随着我国中小企业板和创业板的设立，股权投资基金也迎来了巨大的发展机会。深圳证券交易所中小企业板自 2004 年 5 月 17 日获准设立至今，市场规模由小到大，发展迅速。中小企业板已经和股权投资行业形成了良好的互动效应，这给国内中小企业，尤其是创新型中小企业的发展带来了巨大的机遇。2009 年 10 月，深圳证券交易所正式设立了创业板，创业板市场在 2009 年 10 月 30 日正式开市交易。

中小企业板市场和创业板市场的建立有助于我国多层次资本市场

---

① 叶有明：《股权投资基金运作——PE 价值创造的流程》，复旦大学出版社 2009 年版。

体系的形成。相对于主板市场来说，中小企业板市场和创业板市场的门槛较低，一些不满足主板上市条件或者希望更快上市获得资金支持的企业，可以通过在中小企业板和创业板上市进行公募融资，这大大拓宽了中小企业的融资渠道。中小企业板和创业板的建立也为股权投资基金的退出渠道提供了更多的选择①，股权投资基金以其高风险、高收益的特点吸引了大量的资本，帮助其实现了资本的跨越式增长，与此同时，股权投资基金也赚取了可观的收益。创业板的建立促进了股权投资行业的发展，为中小企业的发展提供了支持，推动了我国经济的发展。

2. PE 与创业板上市公司实证研究

【1】 样本选取与数据来源

这一部分中，基于我国创业板上市公司情况，运用面板数据研究分析股权投资基金与企业盈利能力之间的关系，以我国 2010 年 12 月 31 日前在创业板上市的 153 家公司作为研究对象，选取和处理这 153 家公司 2007~2009 年的数据，数据来源于 wind 数据库以及个股的招股说明书。根据创业板上市公司首次公开发行时的招股说明书中关于发行人股本情况的股东介绍为依据，得出股权投资参与公司情况。对于一家公司同时有多家股权投资机构入股，将每家股权投资机构所占股份加总，得出股权投资所占公司股份的百分比。同时，考虑到持有

① 黄俊辉，王浣尘："创业板市场的 IPO 研究"，《财经研究》，2002 年第 2 期。

公司很小股份的股权投资机构并没有足够的动机和能力参与公司的经营管理和决策，另外从后面的数据统计与分析中可以看出，有股权投资机构参与但比例小于 5% 的公司仅有 8 家，因数量很少并不会对结果有明显影响，因此在实证过程中选取 5% 作为界定是否有股权投资的最低标准。

② 变量定义

我们采用净资产收益率 ROE 作为衡量企业盈利能力的变量。自变量包括公司规模（以总资产自然对数 LASSET 来衡量）；公司资产负债率（DAR）；公司年龄（AGE），即公司成立日至 2010 年 12 月 31 日的年限；股权投资虚拟变量（DPE），若股权投资占公司股份 ≥ 5%，则 DPE = 1，若没有股权投资参与，或虽有股权投资参与但占公司股份 < 5%，则 DPE = 0。

本书对创业板上市公司的行业进行了划分，在证监会行业分类的基础上，将所有创业板上市公司所处行业分为六类，分别为电子，生物医药，信息技术，材料（石化、塑料、金属等），制造业（机械、设备、仪表等），其他（食品、服务业、印刷等）。

③ 数据统计与分析

图 5.1，图 5.2，表 5.1 是创业板上市的 153 家样本公司 2007～2009 年总资产（ASSET）、资产负债率（DAR）、净资产收益率（ROE）、总资产收益率（ROA）的描述性统计。由图 5.1 可以看出，2007 年、2008 年、2009 年公司资产均值分别为 18839.49 万元、26202.22 万元、49467.73 万元，可见，公司规模呈现上升趋势。由图 5.2 可知，公司资产负债率均值分别为 47.95%、41.75%、31.55%，呈现下降趋势。根据图 5.2 和表 5.1 所示，2007 年 ROE 均值为 38.85%，标准差为 22.58；2008 年均值为 37.29%，标准差为

16.53；2009 年均值为 28.71%，标准差为 14.44。可知，公司之间 ROE 差异有减小趋势，同样，ROA 也有类似趋势。

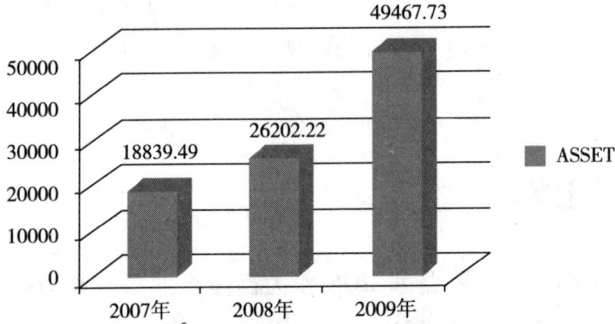

图 5.1　ASSET 均值（万元）

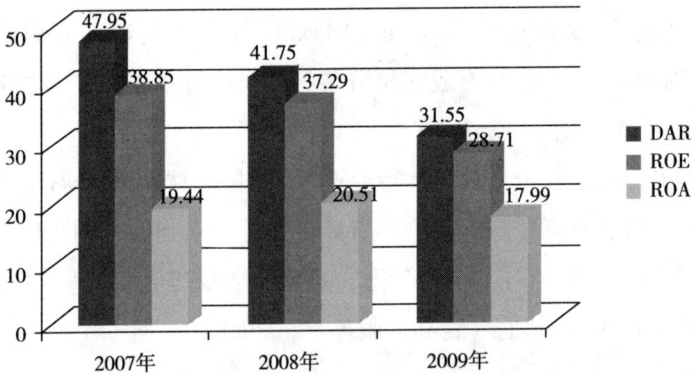

图 5.2　DAR、ROE、ROA 均值（%）

表 5.2 是根据行业分类的样本公司变量的平均统计情况。从表 5.2 可以看出，在 153 家样本公司中，制造业公司和信息技术公司数量最多，分别为 45 家和 31 家。生物医药公司规模最大，总资产均值为 37862.83 万元；信息技术公司规模最小，总资产均值为 27203.65 万元。平均资产负债率最大的行业是制造业，为 44.34%；最小的行业是信息技术，为 31.51%。ROE 和 ROA 最大的行业是信息技术，分别为 38.24% 和 24.73%；最小的是材料行业，分别为 28.74% 和 15.75%。153 家企业的平均年龄为 10.32 年。

表 5.1　　样本公司 ASSET、DAR、ROE、ROA 统计

	2007 年			2008 年			2009 年		
	最大值	最小值	标准差	最大值	最小值	标准差	最大值	最小值	标准差
ASSET（万元）	80565.84	416.95	13179.59	160465.50	3708.13	18942.21	237903.80	7245.30	38692.97
DAR（%）	91.88	7.34	16.85	80.39	3.71	15.15	71.06	2.54	17.22
ROE（%）	141.01	8.34	22.58	108.34	14.65	16.53	75.48	7.73	14.44
ROA（%）	80.63	1.96	12.64	87.88	6.75	11.07	57.25	5.48	9.71

表 5.2　　　　　　　根据行业分类的样本公司变量平均统计

	数量（家）	ASSET（万元）	DAR（%）	ROE（%）	ROA（%）	AGE（年）
制造业	45	32344.99	44.34	34.11	17.24	10.42
信息技术	31	27203.65	31.51	38.24	24.73	10.39
生物医药	13	37862.83	39.70	35.51	19.28	12.05
电子	19	32488.97	42.47	34.08	18.63	8.69
材料	21	28855.05	40.87	28.74	15.75	10.56
其他	24	33570.01	42.91	38.08	19.87	10.15
全部	153	31503.15	40.41	34.95	19.31	10.32

表 5.3 是样本公司中 PE 参与比例统计，在 153 家样本公司中，共有 64 家公司 PE＝0，占公司总数量的 41.83%；在有 PE 参与的公司中，PE 参股比例最多的是 5% 至 25% 之间，共有 63 家公司，占公司总数量的 41.18%；比例为 0 至 5% 的有 8 家公司，占 5.23%；比例为 25% 至 50% 的有 17 家公司，占 11.11%；而 PE 参股比例大于等于 50% 的仅有一家公司。

表 5.3　　　　　　　样本公司中 PE 参与比例统计

	公司总数（家）	PE＝0		0＜PE＜5%		5%≤PE＜25%		25%≤PE＜50%		PE≥50%	
公司数量	153	64	41.83%	8	5.23%	63	41.18%	17	11.11%	1	0.65%

表 5.4 是样本公司中 PE 参与情况统计。可以看出，在 153 家样本公司中，有 81 家公司有 PE 参与且股份比例大于等于 5%，占公司总数量的 52.94%；有 8 家公司有 PE 参与但股份比例小于 5%，占公司总数量的 5.23%；有 64 家公司无 PE 参与，占公司总数量的 41.83%。将后两项相加，也就是说，共有 72 家样本公司 PE 参股比例小于 5%，占公司总数量的 47.06%。有 PE 参与且股份比例大于等于 5% 的样本公司中，PE 参与比例最高的是生物医药公司，占生物医药公司数量的 76.92%；PE 参与比例最小的是材料公司，占材料公司

数量的 38. 10% 。

表 5. 4　　　根据行业分类的样本公司中 PE 参与情况统计

	数量（家）	有 PE 参与且≥5%		有 PE 参与但 0＜PE＜5%		无 PE 参与	
制造业	45	24	53. 33%	2	4. 44%	19	42. 22%
信息技术	31	18	58. 06%	1	3. 23%	12	38. 71%
生物医药	13	10	76. 92%	1	7. 69%	2	15. 38%
电子	19	10	52. 63%	1	5. 26%	8	42. 11%
材料	21	8	38. 10%	1	4. 76%	12	57. 14%
其他	24	11	45. 83%	2	8. 33%	11	45. 83%
全部	153	81	52. 94 %	8	5. 23%	64	41. 83%

【4】 固定效应估计法与随机效应估计法

在对面板数据模型的估计中，通常有两种方法，分别为固定效应估计法（FE）和随机效应估计法（RE）。

固定效应估计是在估计之前先作一个变换，把非观测效应 a_i 消掉，任何不随时间变化的解释变量也一起被消掉。具体而言，假设仅有一个解释变量的模型，$y_{it} = \beta x_{it} + a_i + u_{it}$，现在对每个求方程在时间上的平均值，便得到方程 $\bar{y}_i = \beta \bar{x}_i + a_i + \bar{u}_i$，用前式减去后式，得到方程 $y_{it} - \bar{y}_i = \beta(x_{it} - \bar{x}_i) + u_{it} - \bar{u}_i$，从而消掉了非观测效应 a_i，然后对此方程采用 OLS 方法进行回归估计。

随机效应估计则是当 a_i 与任何一个解释变量在任何时期均不相关时，对方程采用 *OLS* 进行回归。

因此，当认为 a_i 与一个或多个解释变量相关时，则应采用固定效应估计法；但若 a_i 与任何一个解释变量在任何时期均不相关时，采用固定效应估计法会导致非有效估计量，此时应采用随机效应估计法。

由于 FE 在消掉非观测效应 a_i 的同时，也同时消掉任何不随时间变化的解释变量，而本书采用的数据中，股权投资参与数据来源于各公司的招股说明书，因此每个公司每一期的股权投资参与数据都是相同的，所以在实证分析部分采用 RE 方法，而非 FE 方法进行估计。

【5】 实证分析及结果

为了分析股权投资基金与创业板上市公司盈利能力之间的关系，在实证研究阶段，利用 STATA9 统计软件，采用随机效应估计法（RE）对净资产收益率 ROE 与各个解释变量进行线性回归分析。设定回归模型如下：

$$ROE = \alpha + \beta_1 DPE + \beta_2 AGE + \beta_3 LASSET + \beta_4 DAR + e \quad (5.1)$$

回归结果见表 5.5，净资产收益率 ROE 与 DPE 在 5% 的置信水平下显著正相关，表明在相同条件下，有股权投资基金参与的企业盈利能力高于没有股权投资基金参与的企业。两者相关系数为 4.44，表明股权投资基金的参与将使公司 ROE 提高 4.44%。

很多学者和金融家认为股权投资机构的参与有助于企业盈利能力和公司绩效的提高。Thompson（1993）[1] 认为股权投资基金为被投资企业提供必要的资金支持的同时，还为企业提供增值服务，帮助企业实现较快发展，保护自己的投资，从而获得高于平均水平的投资回报。Bloom 等人（2009）[2] 通过对亚洲、欧洲和美国 4000 多家公司的管理情况进行研究，得出结论：PE 参与投资的公司比政府、家族、个人持有的公司具有更好的表现，股权投资机构具有更强的人力管理水平，以及更好的运营管理水平，并且有 PE 参与投资的公司管理水平改进速度更快，有助于其实现价值增值。

前面的实证结果企业盈利能力指标净资产收益率 ROE 与 DPE 具有显著的正相关关系，与这些论述相符，即股权投资基金的参与有助

---

[1] Thompson, R. C., The Influence of Venture Capital Funding on Firm Performance and Time to Initial Public Offering, Dissertation for Ph. D. Degree, University of Colorado, 1993.

[2] Bloom, N., Sadun, R., Reenen, J. V., Do Private Equity Owned Firms Have Better Management Practices? The Global Economic Impact of Private Equity Report, 2009.

于企业盈利能力和企业价值的提高。

股权投资基金对被投资企业的积极作用主要体现在以下三个方面。

第一，股权投资基金为企业尤其是中小高科技企业提供了更为便捷和开阔的融资渠道，使很多难以通过传统方式进行融资的企业获得资金支持，充足的资金支持有助于推动企业技术创新和发展。很多创业企业初始资本金不足，通常而言技术创新又需要大量的资金投入，没有充裕的资金，创业企业无法进行技术研发和创新，而这些技术创新可能会带来巨大的效益，股权投资基金对企业进行投资，为企业的技术创新和发展提供了充足的资金支持。股权投资基金为了确保其投资回报，拥有一套评价企业管理团队、商业模式、核心竞争力、财务状况和市场状况的指标和方法，股权投资基金对目标企业进行尽职调查，了解企业信息，依据这些信息做出投资决策，将资金投入企业，帮助企业成长并从中获利，这有助于企业的发展和壮大。

第二，股权投资基金能够完善公司治理结构，提高企业运作效率。股权投资基金可以帮助中小企业改善股东结构，建立起有利于企业长期发展的业务结构、财务制度和治理机制，提高企业运作效率。股权投资基金通常会指派企业的董事会成员参与重大决策，进行战略指导，促进企业健康发展。股权投资基金的获利高度依赖于被投资企业的发展情况，企业盈亏直接关系到股权投资基金和资金供应者的收益。如果企业盈利状况良好，不仅股权投资基金可以获得理想的投资回报，而且良好的投资业绩有助于股权投资家在行业内建立良好的声誉。如果企业盈利状况不好，不仅股权投资基金的投资无法获得较好的回报甚至面临损失，而且投资业绩的不理想可能会影响股权投资家下一轮的资金募集，甚至影响到其在股权投资行业的生存发展。因此，股权投资家有充分的压力和动机，了解企业的真实情况，关注企业的发展，利用自身的资源和优势为企业提供经营、融资、人事等多方面的咨询与支持，这有助于提高企业运作效率和经营绩效，从而实现股东利益的最大化。

第三，股权投资基金为被投资企业提供增值服务。股权投资基金一般是由专业人才和具备优秀的资本运作能力的精英组成，他们对特定行业具有丰富的专业知识和经验，他们具备充分的专业技能和专长、管理经验、资本运作和资源优化配置的能力，在管理企业上具有优势，股权投资家帮助被投资企业理清发展脉络，设计清晰的商业模式，帮助企业更快地发展壮大。股权投资基金利用其国际声誉和关系网络为被投资企业吸引优秀的管理人才及治理机制，还利用自身资源帮助企业开拓新市场和寻找商业伙伴，充分发挥协同效应，降低成本，提高企业的利润率和核心竞争力，并最终带来企业盈利能力和企业价值的提升。

从回归结果表 5.5 中还可以看出，净资产收益率 ROE 与公司年龄在 10% 的置信水平下呈现显著的负相关关系，也就是说，公司年龄越小，净资产收益率 ROE 越大。对于创业板上市的中小企业而言，企业年龄小，通常成长性更好，表现出更好的盈利能力。

同时可以得出，净资产收益率 ROE 与公司规模 LASSET 在 1% 的置信水平下呈现显著的负相关性。也就是说，创业板上市公司规模越小，净资产收益率 ROE 越大。这与一些实证研究得出净资产收益率 ROE 与公司规模正相关的结论相反[①]。这可能是由于创业板上市公司均为中小企业，与其他成熟企业在公司规模和管理等方面还是有所区别的。在这些中小企业中，与规模相对较大的企业相比，规模相对较小的企业管理层级更加简单，分工不那么严密，管理者大多是多面手，因此在沟通和决策方面要比大企业快捷得多。这种速度上的优势，使之更具灵活性和成长性，从而使企业表现出了更好的盈利能力。

另外，净资产收益率 ROE 与资产负债率 DAR 在 1% 的置信水平

---

① 刘媛媛，黄卓，Edison Tse，何小锋："中国上市公司股权结构与公司绩效实证研究"，《经济与管理研究》，2011 年第 2 期。

下呈现显著的正相关关系，即公司资产负债率 DAR 越大，净资产收益率 ROE 越大。事实上，对于中小企业而言，资产负债率越高，意味着企业具有更高的杠杆率，杠杆效应更大，从而实现了更大的净资产收益率。

表 5.5　变量对公司 ROE 指标的相关系数及显著性检验

变量	系数	标准差	z 值
DPE	4.44	2.13	2.08＊＊（0.037）
AGE	−0.59	0.32	−1.84＊（0.065）
LASSET	−9.85	1.06	−9.28＊＊＊（0.000）
DAR	0.27	0.05	5.65＊＊＊（0.000）
Wald chi2（4）	173.19		
Prob > chi2	0.0000		

注：括号里的数据为显著性概率；＊表示显著性为 0.1，＊＊表示显著性为 0.05，＊＊＊表示显著性为 0.01。

⑥　敏感分析及检验

为了进一步检验研究结果的稳健性，本书采用以下方式进行检验。

首先，用总资产收益率 ROA 替换净资产收益率 ROE 进行检验。将方程（5.1）中的 ROE 替换为 ROA 进行回归分析，如回归方程（5.2），回归结果如表 5.6 所示。

$$ROA = \alpha + \beta_1 DPE + \beta_2 AGE + \beta_3 LASSET + \beta_4 DAR + e \quad (5.2)$$

结果显示，总资产收益率 ROA 与 DPE 在 10% 的置信水平下具有显著的正相关性，也就是说，有股权投资基金参与的企业总资产收益率 ROA 高于没有股权投资基金参与的企业，这与方程（5.1）结果一致，两者相关系数为 2.02，即股权投资基金的参与将使公司总资产收益率 ROA 提高 2.02%。

同时可以看出，总资产收益率 ROA 与公司年龄在 10% 的置信水平下具有显著的负相关性，也就是公司年龄越小，总资产收益率 ROA 越大。总资产收益率 ROA 与公司规模 LASSET 在 1% 的置信水平下呈现显著的负相关关系，即创业板上市公司规模越小，总资产收益率 ROA 越大，这也与方程（5.1）结果一致。而表 5.6 回归结果显示，总资产收益率 ROA 与资产负债率 DAR 在 1% 的置信水平下呈现显著的负相关性，这与方程（5.1）净资产收益率 ROE 与资产负债率 DAR 呈现显著的正相关性相反。如前所述，对于中小企业而言，资产负债率越高，企业就具有更高的杠杆率和更大的杠杆效应，从而实现更大的净资产收益率。而总资产收益率 ROA 与资产负债率 DAR 具有显著负相关性。一方面，资产由负债和所有者权益组成，当资产负债率越大，也就意味着负债部分具有较高的融资成本；另一方面，也可能是由于企业具有较大的资产而投资机会有限时，资金的利用率就会相对较低，这两方面原因对总资产收益率 ROA 的负效应超过了正的杠杆效应，因此结果显示为总资产收益率 ROA 与资产负债率 DAR 呈现显著的负相关性。基于以上分析，我们可以认为方程（5.1）具有稳健性。

表 5.6　　　　变量对公司 ROA 指标的相关系数及显著性检验

变量	系数	标准差	z 值
DPE	2.02	1.19	1.70 * （0.089）
AGE	-0.33	0.18	-1.86 * （0.063）
LASSET	-6.65	0.58	-11.43 *** （0.000）
DAR	-0.17	0.03	-6.33 *** （0.000）
Wald chi2 （4）	155.61		
Prob > chi2	0.0000		

注：括号里的数据为显著性概率；* 表示显著性为 0.1，*** 表示显著性为 0.01。

其次，为了排除行业因素可能对研究结果产生的影响，在方程（5.1）中加入行业虚拟变量（$DIND_k$），如方程（5.3），回归结果如表 5.7 所示。

$$ROE = \alpha + \beta_1 DPE + \beta_2 AGE + \beta_3 LASSET + \beta_4 DAR + \sum_{k=1}^{5} \gamma_k DIND_k + e$$

$$(5.3)$$

表 5.7　　加入行业虚拟变量后对公司 ROE 指标的相关系数及显著性检验

变量	系数	标准差	z 值
DPE	3.54	2.15	1.65 * （0.099）
AGE	− 0.69	0.32	− 2.12 * * （0.034）
LASSET	− 9.55	1.07	− 8.90 * * * （0.000）
DAR	0.29	0.05	5.91 * * * （0.000）
Wald chi2 （4）	184.06		
Prob ＞ chi2	0.0000		

注：括号里的数据为显著性概率；* 表示显著性为 0.1，* * 表示显著性为 0.05，* * * 表示显著性为 0.01。

从表 5.7 得出，净资产收益率 ROE 与 DPE 在 10% 的置信水平下呈现显著的正相关关系，即有股权投资基金参与的企业净资产收益率 ROE 高于没有股权投资基金参与的企业；净资产收益率 ROE 与公司年龄 AGE 在 5% 的置信水平下显著负相关，即公司年龄越小，净资产收益率 ROE 越大；净资产收益率 ROE 与公司规模 LASSET 在 1% 的置信水平下显著负相关，即创业板上市公司规模越小，净资产收益率 ROE 越大；净资产收益率 ROE 与资产负债率 DAR 在 1% 的置信水平下具有显著的正相关性，也就是说，公司资产负债率 DAR 越大，净资产收益率 ROE 越大，以上回归结果均与方程（5.1）的回归结果一致。因此，我们认为方程（5.1）具有较好的稳健性。

3. PE 与中小企业板上市公司实证研究

① 样本选取与数据来源

这一部分基于我国中小企业板上市公司情况，运用面板数据研究分析股权投资基金与企业盈利能力之间的关系，以我国 2011 年 6 月 30 日前在中小企业板上市的 592 家公司作为研究对象，选取和处理这

592 家公司 2008～2010 年的数据。与前面对创业板上市公司的研究相同，由于那些持有公司很少股份的股权投资机构并没有足够的动机和能力参与公司的经营管理和决策，因此，在实证过程中同样选取 5% 作为界定是否有股权投资基金参与的最低标准。

❷ 变量定义

这里，我们仍采用净资产收益率 ROE 作为衡量企业盈利能力的变量。自变量包括公司规模（以总资产自然对数 LASSET 来衡量）；公司资产负债率（DAR）；公司年龄（age），即公司成立日至 2011 年 6 月 30 日的年限；股权投资虚拟变量（DPE），若股权投资机构占公司股份≥5%，则 DPE＝1，若没有股权投资机构参与，或虽有股权投资机构参与但占公司股份 <5%，则 DPE＝0。

本书对中小企业板上市公司的行业进行了划分，在证监会行业分类的基础上，将所有中小企业板上市公司所处行业分为七类，分别为电子，生物医药，信息技术，房地产，材料（石化、塑料、金属等），制造业（机械、设备、仪表等），其他（食品、服务业、印刷等）。

❸ 数据统计与分析

图 5.3、图 5.4、表 5.8 是中小企业板上市的 592 家公司 2008～2010 年总资产（ASSET）、资产负债率（DAR）、净资产收益率（ROE）、总资产收益率（ROA）的描述性统计。根据图表可知，2008 年、2009 年、2010 年公司资产均值分别为 133145.99 万元、177556.95 万元、266488.57 万元，公司规模呈现上升趋势。公司总利润均值分别为 10321.40 万元、14105.68 万元、18838.33 万元，同样呈现逐年上升的趋势。公司资产负债率均值分别为 45.71%、42.87%、34.53%，呈现下降趋势。2008 年 ROE 均值为 21.01%，标准差为 19.96；2009 年均值为 19.18%，标准差为

15.35；2010 年均值为 13.53%，标准差为 13.31。2008 年 ROA 均值为 10.69%，标准差为 8.46；2009 年均值为 10.36%，标准差为 8.19；2010 年均值为 8.35%，标准差为 6.92。可见，公司之间的 ROE 和 ROA 差异均有减小趋势。

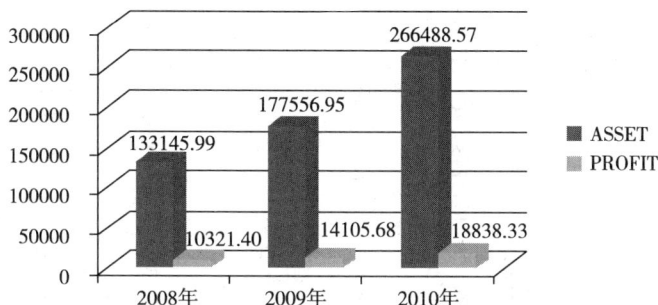

图 5.3　中小企业板上市样本公司 ASSET、PROFIT 均值（万元）

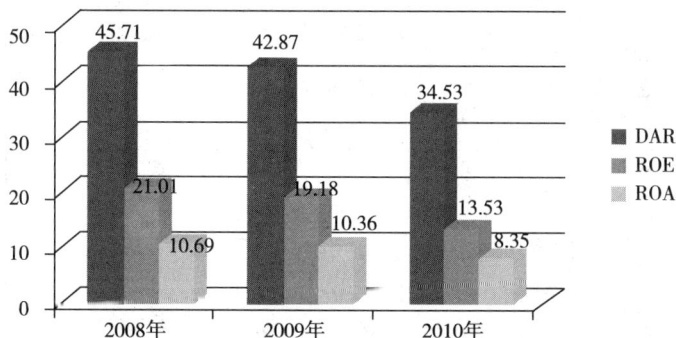

图 5.4　中小企业板上市样本公司 DAR、ROE、ROA 均值（%）

表 5.9 是根据行业分类的样本公司变量的平均统计情况。从表 5.9 可以看出，在 592 家样本公司中，公司数量最多的制造业行业，共有 215 家公司；排在第二位的是材料行业，共有 101 家公司。从公司规模上看，房地产公司规模最大，总资产均值为 580487.62 万元；信息技术公司规模最小，总资产均值为 100904.99 万元。从公司平均资产负债率上看，平均资产负债率最大的行业是房地产行业，为 56.54%；最小的行业是生物医药行业，为 29.91%。公司 ROE 和 ROA 最大的均是生物医药行业，分别为 21.99% 和 14.49%。ROE 最小的是材料行业，为 13.04%。ROA 最小的是房地产行业，为 6.82%。592 家企业的平均年龄为 7.11 年。

表 5.8   样本公司总资产、DAR、ROE、ROA 统计

	2008 年			2009 年			2010 年		
	最大值	最小值	标准差	最大值	最小值	标准差	最大值	最小值	标准差
ASSET（万元）	10326319.06	11326.04	467443.80	16335186.60	11431.00	721566.40	26327433.20	17568.20	1136956.00
PROFIT（万元）	295087.30	-51639.77	19909.88	450645.00	-16323.01	31034.02	540204.40	-33636.74	39153.02
DAR（%）	107.44	2.10	17.81	129.27	1.78	18.64	97.30	1.27	20.01
ROE（%）	103.17	-271.42	19.96	117.88	-109.56	15.35	92.97	-183.29	13.31
ROA（%）	54.87	-32.14	8.46	82.74	-19.28	8.19	37.74	-71.93	6.92

表 5.9　　　　　　根据行业分类的样本公司变量平均统计

	数量（家）	ASSET（万元）	DAR（%）	ROE（%）	ROA（%）	age（年）
制造业	215	160146.31	43.83	19.28	9.60	6.56
信息技术	62	100904.99	29.97	20.10	12.74	7.10
生物医药	40	116586.49	29.91	21.99	14.49	7.23
电子	48	114497.10	34.72	14.70	8.79	7.03
材料	101	150001.61	43.31	13.04	7.75	7.98
房地产	9	580487.62	56.54	15.61	6.82	9.07
其他	117	364766.55	44.99	18.52	9.43	7.22
全部	592	192397.17	41.03	17.91	9.80	7.11

　　表 5.10 是样本公司中 PE 参与比例的统计情况。在 592 家样本公司中，共有 293 家公司 PE = 0，占样本公司总数量的 49.49%；共有 26 家样本公司 PE 参股比例在 0 和 5% 之间，占样本公司总数量的 4.39%；与创业板公司相同，在有 PE 参与的公司中，PE 参股比例最多的是 5% 至 25% 之间，共有 190 家公司，占公司总数量的 32.09%；有 67 家样本公司 PE 参股比例在 25% 和 50% 之间，占样本公司总数量的 11.32%；PE 参股比例大于等于 50% 的有 16 家公司，占公司总数量的 2.70%。

表 5.10　　　　　　样本公司中 PE 参与比例统计

	公司总数（家）	PE = 0		0 < PE < 5%		5% ≤ PE < 25%		25% ≤ PE < 50%		PE ≥ 50%	
公司数量	592	293	49.49%	26	4.39%	190	32.09%	67	11.32%	16	2.70%

　　表 5.11 是根据行业分类的样本公司中股权投资机构参与情况的统计情况。从表 5.11 中可以看出，在 592 家样本公司中，有 273 家公司有 PE 参与且股份比例大于等于 5%，占公司总数量的 46.11%；有 26 家公司有 PE 参与但股份比例小于 5%，占公司总数量的 4.39%；有 293 家公司无 PE 参与，占公司总数量的 49.49%。把后两项进行相加，可知有 319 家公司 PE 参股比例小于 5%，占公司总数量的

53.88%。有 PE 参与并且股份比例大于等于 5% 的样本公司中，PE 参与最多的是制造业，占制造业公司数量的 51.16%；PE 参与最少的是房地产公司，没有 PE 参与。

表 5.11   根据行业分类的样本公司中 PE 参与情况统计

	数量（家）	有 PE 参与且≥5%		有 PE 参与但 0 < PE < 5%		无 PE 参与	
制造业	215	110	51.16%	9	4.19%	96	44.65%
信息技术	62	26	41.94%	6	9.68%	30	48.39%
生物医药	40	18	45.00%	1	2.50%	21	52.50%
电子	48	19	39.58%	0	0.00%	29	60.42%
材料	101	44	43.56%	4	3.96%	53	52.48%
房地产	9	0	0.00%	1	11.11%	8	88.89%
其他	117	56	47.86%	5	4.27%	56	47.86%
全部	592	273	46.11%	26	4.39%	293	49.49%

【4】 实证分析及结果

为了研究分析股权投资基金与中小企业板公司盈利能力之间的关系，在实证研究阶段，与前面关于股权投资基金与创业板公司盈利能力关系的研究采用相同的研究方式，应用 STATA9 统计软件，采用随机效应估计法（RE）对净资产收益率 ROE 与各个解释变量进行线性回归分析，设定回归模型如下：

$$ROE = \alpha + \beta_1 DPE + \beta_2 age + \beta_3 LASSET + \beta_4 DAR + e \quad (5.4)$$

回归结果见表 5.12，在 10% 的置信水平下，净资产收益率 ROE 与 DPE 呈现显著的正相关关系，也就是说，有股权投资基金参与的企业盈利能力高于没有股权投资基金参与的企业，这与前面对创业板上市公司的研究结果一致。两者相关系数为 1.70，表明股权投资基金的参与将使公司 ROE 提高 1.70%。

回归结果还表明，在 1% 的置信水平下，净资产收益率 ROE 与公司年龄在 1% 的置信水平下具有显著负相关性，即公司年龄越小，净资产收益率 ROE 越大。对于中小企业板上市的中小企业而言，公司年龄小，通常成长性和发展空间更好，表现出更好的盈利能力，这也与创业板上市公司的研究结果一致。

同时，在 1% 的置信水平下，净资产收益率 ROE 与公司规模 LASSET 呈现显著的负相关关系，即中小企业板上市公司规模越小，净资产收益率 ROE 越大，这同样与创业板上市公司的研究结果一致。与创业板上市公司类似，在中小板企业上市的企业也都是中小企业，这类企业与规模较大的企业相比，管理层级更加简单，在沟通和决策等方面比大企业更有效率，具有更高的运营和工作效率，这类企业具有更好的灵活性、适应性和成长性，从而使企业具有更好的盈利能力。因此，表现为企业的净资产收益率 ROE 与公司规模 LASSET 呈现显著的负相关性。

最后还可以看出，在 1% 的置信水平下，中小企业板上市公司的净资产收益率 ROE 与资产负债率 DAR 呈现显著的正相关关系，即公司资产负债率 DAR 越大，其净资产收益率 ROE 越大，这一结论也与创业板上市公司的研究结论一致。同样的，对于中小企业板上市的这些中小企业而言，资产负债率 DAR 越高，意味着企业具有更高的杠杆率，杠杆效应更大，从而实现了更大的净资产收益率。

表 5.12　变量对公司 ROE 指标的相关系数及显著性检验

变量	系数	标准差	z 值
DPE	1.70	1.02	1.67* (0.095)
age	−1.19	0.13	−9.05*** (0.000)
LASSET	−3.75	0.49	−7.62*** (0.000)
DAR	0.19	0.02	9.32*** (0.000)
Wald chi2 (4)	293.90		
Prob > chi2	0.0000		

注：括号里的数据为显著性概率；*表示显著性为 0.1，***表示显著性为 0.01。

【5】 敏感性分析及检验

为了进一步检验研究结果的稳健性，采用如下方式进行检验。

首先，用总资产收益率 ROA 替换净资产收益率 ROE 进行检验。将方程（5.4）中的 ROE 替换为 ROA 进行回归，如回归方程（5.5），回归结果如表 5.13 所示。

$$\text{ROA} = \alpha + \beta_1 \text{DPE} + \beta_2 \text{age} + \beta_3 \text{LASSET} + \beta_4 \text{DAR} + e \quad (5.5)$$

从回归结果表 5.13 中可知，总资产收益率 ROA 与 DPE 在 5% 的置信水平下显著正相关，即股权投资基金的参与对于中小企业板上市公司总资产收益率 ROA 有显著正效应，这与方程（5.4）结果一致，两者相关系数为 1.16，即股权投资基金的参与将使公司总资产收益率 ROA 提高 1.16%。

由表 5.13 可知，总资产收益率 ROA 与公司年龄 age 在 1% 的置信水平下呈现显著的负相关性，即公司年龄越小，总资产收益率 ROA 越大。总资产收益率 ROA 与公司规模 LASSET 在 1% 的置信水平下呈现显著的负相关性，即中小企业板上市公司规模越小，总资产收益率 ROA 值越大，这与方程（5.4）结果一致。另外，由表 5.13 还可以得到，总资产收益率 ROA 与资产负债率 DAR 在 10% 的置信水平下呈现显著的负相关性。对于中小企业而言，资产负债率 DAR 越高，企业就具有更高的杠杆率和更大的杠杆效应，从而实现更大的净资产收益率 ROE。而总资产收益率 ROA 与资产负债率 DAR 的负相关关系，一方面，由于资产由负债和所有者权益组成，当资产负债率较大时，负债部分可能具有较高的融资成本；另一方面，也可能是由于企业具有较大的资产而投资机会有限时，资金的利用率就会相对较低，这两方面原因对总资产收益率 ROA 的负效应超过了正的杠杆效应，因此结果显示为 ROA 与资产负债率 DAR 呈现显著的负相关性，这与前面对我国创业板的研究结果相同。因此，可以认为方程（5.4）具有稳健性。

表 5.13　　变量对公司 ROA 指标的相关系数及显著性检验

变量	系数	标准差	z 值
DPE	1.16	0.50	2.31 * * （0.021）
age	− 0.42	0.06	− 6.47 * * * （0.000）
LASSET	− 2.84	0.22	− 12.71 * * * （0.000）
DAR	− 0.02	0.01	− 1.77 * （0.077）
Wald chi2 （4）	269.76		
Prob > chi2	0.0000		

注：括号里的数据为显著性概率；* 表示显著性为 0.1，* * 表示显著性为 0.05，* * * 表示显著性为 0.01。

接下来，为了排除行业因素可能对研究结果产生的影响，在方程（5.4）中加入行业虚拟变量（$Dind_k$），如回归方程（5.6），回归结果如表 5.14 所示。

$$ROE = \alpha + \beta_1 DPE + \beta_2 age + \beta_3 LASSET + \beta_4 DAR + \sum_{k=1}^{6} \gamma_k Dind_k + e$$

$$(5.6)$$

从表 5.14 得出，净资产收益率 ROE 与 DPE 在 5% 的置信水平下呈现显著的正相关关系，即股权投资基金的参与对于中小企业板上市公司 ROE 有显著正效应；净资产收益率 ROE 与公司年龄 age 在 1% 的置信水平下呈现显著的负相关关系，即公司年龄越小，净资产收益率 ROE 越大；净资产收益率 ROE 与公司规模 LASSET 在 1% 的置信水平下呈现显著的负相关关系，即中小企业板上市公司规模越小，净资产收益率 ROE 值越大；净资产收益率 ROE 与资产负债率 DAR 在 1% 的置信水平下呈现显著的正相关关系，即公司资产负债率 DAR 越大，净资产收益率 ROE 越大，以上结果均与方程（5.4）结果一致。因此，可以认为方程（5.4）具有稳健性。

表 5.14　　加入行业虚拟变量后对公司 ROE 指标的相关系数及显著性检验

变量	系数	标准差	z 值
DPE	2.07	1.01	2.05 * * （0.040）
age	− 1.16	0.13	− 8.87 * * * （0.000）

变量	系数	标准差	z 值
LASSET	-3.64	0.50	-7.30*** (0.000)
DAR	0.20	0.02	9.59*** (0.000)
Wald chi2（4）	327.26		
Prob > chi2	0.0000		

注：括号里的数据为显著性概率；**表示显著性为 0.05，***表示显著性为 0.01。

最后，在方程（5.4）中加入行业虚拟变量（Dind_k）和总利润（PROFIT），如回归方程（5.7），回归结果见表 5.15。

$$\text{ROE} = \alpha + \beta_1 \text{DPE} + \beta_2 \text{age} + \beta_3 \text{LASSET} + \beta_4 \text{DAR}$$

$$+ \beta_5 \text{PROFIT} + \sum_{k=1}^{6} \gamma_k \text{Dind}_k + e \qquad (5.7)$$

表 5.15　　　　加入行业虚拟变量和总利润后
对 ROE 指标的相关系数及显著性检验

变量	系数	标准差	z 值
DPE	1.88	0.92	2.03** (0.042)
age	-1.03	0.12	-8.57*** (0.000)
LASSET	-8.07	0.53	-15.30*** (0.000)
DAR	0.18	0.02	9.44*** (0.000)
PROFIT	0.00	0.00	17.33*** (0.000)
Wald chi2（4）	681.92		
Prob > chi2	0.0000		

注：括号里的数据为显著性概率；**表示显著性为 0.05，***表示显著性为 0.01。

由表 5.15 显示的回归结果可知，加入总利润变量后，净资产收益率 ROE 与 DPE 在 5% 的置信水平下呈现显著的正相关关系，也就是说，股权投资基金的参与对于中小企业板上市公司净资产收益率 ROE 有显著的正效应；净资产收益率 ROE 与公司年龄 age 在 1% 的置信水平下显著负相关，即公司年龄越小，净资产收益率 ROE 越大；净资产收益率 ROE 与公司规模 LASSET 在 1% 的置信水平下具有显著的负相关性，即中小企业板上市公司规模越小，净资产收益率 ROE 值越大；净资产收益率 ROE 与资产负债率 DAR 在 1% 的置信水平下呈现显著的正相关性，即公司资产负债率 DAR 越大，净资产收益率

ROE 越大，回归结果同样与方程（5.4）结果一致。于是，可以认为方程（5.4）具有稳健性。

4. PE 对企业盈利能力的作用

股权投资基金对中小企业的发展起到了重要的作用，股权投资基金的参与有助于企业盈利能力的提升。企业发展初期，资产规模相对较小，不确定性较强，且信息不对称问题更加明显，难以得到传统融资方式的支持。而如果仅仅依靠自我积累逐步创业的方式进行发展，无法适应现代经济发展的要求，可能错失发展良机。如果新兴的创业企业能够得到外源资本的支持，迅速发展，更可能赢得竞争优势和行业地位。

中小企业的不断出现和创新需要能适应其特点的资本形式与之配合。首先，中小企业由于其不确定性和面临的激烈竞争，因此要求低财务杠杆的融资方式，权益性的融资对其更加适合；其次，由于新兴中小企业的信息不对称和激励机制问题更加突出，所以需要专业人士对企业进行深入的评估，并对投资进行积极的监管。股权投资基金适应上述特点，因此，股权投资基金为企业尤其是中小企业提供了更为便捷和开阔的融资渠道。

股权投资基金作为一种新兴的、支持创业的投资方式，不仅为企业尤其是中小企业提供了更为便捷和广阔的融资渠道，充足的资金支持有助于推动企业技术创新和发展，而且可以帮助中小企业建立起有利于企业发展的公司治理结构，提高企业的运作效率、运营水平。

股权投资机构通常是由对所投资行业和领域具有充足的专业知识和丰富实践经验的产业界和金融界的优秀人才构成，他们利用长期积累的国际市场视野、充足的技能和专长、丰富的管理经验和战略资源帮助被投资企业设计清晰的商业模式、梳理企业发展脉络，为被投资企业提供增值服务，推动企业的健康发展，为企业创造价值，实现价值增值。股权投资基金的参与不仅能够帮助企业实现资源的优化整合，还能使资源在不同公司之间进行优化配置，促进资金更合理化流转。

除此之外，股权投资基金的发展对加快建设我国多层次的资本市场体系，发挥资本市场在资金集聚、促进科技创新和产业重组等方面的优势也具有积极的作用。

第六章

PE 与企业 IPO 初始回报的关系

1. PE 投资企业的 IPO 上市

IPO（Initial Public Offering）是股份公司第一次公开发行股票的活动。有股权投资基金参与的企业 IPO 既有一般企业 IPO 的普遍特征，也有其独特的规律。与一般企业类似的是，有股权投资基金参与的企业同样会在承销商、发行时机、发行市场和方式、发行价格等方面进行选择和考虑；与一般企业不同的是，有股权投资基金参与的企业是受作为专业投资人的股权投资家所支持和培育的企业，股权投资家对其具有一定的监控和管理作用，在一些方面可能优于同时上市的没有股权投资基金参与的企业，两者表现出一定的差异性。

首先，一些有股权投资基金参与的企业与承销商之间存在着一定的联系，比如投资于风险企业的股权投资机构是参与承销的投资银行的一个子公司或部门，或者一些有良好投资业绩的股权投资机构利用其优势资源找到高声誉的承销商参与被投资企业上市的承销工作。通常来说，高声誉的承销商承销上市的企业会获得更多的市场关注，可能有助于公司上市的回报。

其次，股权投资机构是专业的投资机构，通过对企业行业地位、管理团队、核心竞争力、市场状况和前景等因素的综合考察选择企业进行投资。因此，在某种程度上，股权投资机构参与的企业可能也会受到市场上其他投资者更多的关注。

另外，在被投资企业上市期间，股权投资机构为了实现利益最大化，会利用其资源和优势大力宣传被投资企业的核心竞争力和巨大的发展潜力等，从而提升市场对被投资企业的投资热情和关注度，吸引更多的投资者参与企业的投资。

2. PE 对企业上市的三种效应

股权投资活动包括融资、投资、管理、退出四个阶段。

在融资阶段，股权投资家向投资者募集资金，建立股权投资基金或股权投资公司。在这一阶段，需要解决"钱从哪儿来"的问题。通常，提供股权投资基金资金来源的包括养老基金、保险公司、商业银行、投资银行、大公司、富有的个人及家族等。在融资阶段，一个很重要的问题是解决投资者和股权投资家的权利义务及利益分配关系安排。股权投资家从投资者募集资金，建立股权投资基金或股权投资公司。

在投资阶段，需要解决"钱往哪儿去"的问题。股权投资家完成对创业企业的初步筛选、尽职调查、价值评估、与创业企业谈判并签订投资协议，将风险资本投入那些具有巨大增长潜力的创业企业。

在管理阶段，需要解决"价值增值"的问题。股权投资机构主要通过监管和服务实现价值增值，监管主要包括参与被投资企业董事会、在被投资企业业绩达不到预期目标时更换管理团队成员等，服务主要包括帮助被投资企业完善商业计划、公司治理结构、协助被投资企业的战略决策以及帮助被投资企业进行后续融资等内容。价值增值型的管理是股权投资基金区别于其他投资方式的重要方面。

在退出阶段，需要解决"收益如何实现"的问题。股权投资机构通过上市、兼并与收购、清算等方式退出被投资企业，并将投资收益分配给股权投资基金或股权投资公司的投资人[①]。

长期以来，国际学术界关于股权投资基金在企业 IPO 中的作用有着不同的看法，在成熟的资本市场中，主要可以归纳为以下三种效应。

---

① 刘曼红，胡波："风险投资理论：投资过程研究的理论发展和前沿"，《国际金融研究》，2004 年第 3 期。

【1】 证明说（Certification hypothesis）

Megginson 和 Weiss（1991）[1] 运用配对的方法，通过比较美国 1983～1987 年间股权投资机构参与的企业与非股权投资机构参与的企业，表明股权投资机构参与的公司 IPO 有较低的初始回报和发行费用，由此提出了"证明说"。具体而言，股权投资机构为了保护和维持自己在资本市场上的声誉，倾向于把被投资企业的 IPO 价格定得与企业实际价值更加接近，从而表现为抑价率较低，即 IPO 初始回报较低。

事实上，股权投资机构的声誉对其在行业内的生存发展是非常重要的，与是否能够顺利募集到下一轮基金，以及在与目标企业的谈判力等方面是密切相关的。因此，股权投资机构为了保护自己的声誉，有动机将被投资企业的 IPO 价格定得更接近企业的实际价值。但另一方面，如果将被投资企业 IPO 价格定得较高，则作为股东的股权投资机构可以获得更大的短期回报，实现更大的短期收益。这两种动机作用是相反的。在实际操作中，通常而言，股权投资机构更加注重其声誉，越是声誉高的股权投资机构越是如此，因此表现为被投资企业的 IPO 价格定得与企业实际价值更加接近，从而抑价率较低，即 IPO 初始回报较低。

在企业 IPO 的过程中，通常会由承销商和审计机构担任第三方认证人，从而确保发行成功，事实上，股权投资机构来实施第三方监督更为恰当。首先，相对于其他中介机构而言，股权投资机构通常会指派董事会成员，参与企业重大决策，进行战略指导，与管理团队的关系更加密切持久，并且股权投资机构的获利高度依赖于被投资企业的发展状况，对发行公司的情况更加了解。其次，股权投资机构具有认

---

① Megginson, W. L., Weiss, K., Venture Capitalist Certification in Initial Public Offerings, Journal of Finance, 1991, Vol. 46, 879～903.

证效应，能有效地减少发行人、承销商与投资者之间的信息不对称，从而使得 IPO 的价格定得离企业内在价值更接近，使其 IPO 的初始回报较低。

【2】 监督说（Monitoring hypothesis）

Barry，Muscarella，Peavy 和 Vetsuypens（1990）[1] 通过实证研究方法对美国 1978～1987 年间上市的公司 IPO 市场表现进行了研究分析。研究表明，股权投资机构会对被投资企业实行监督职能，股权投资机构通常会指派企业的董事会成员，为企业提供管理上的支持，并对企业运营进行监督。在股权投资机构的监督监管作用下，被投资企业的质量得到提升，即"监督说"。

相对于没有股权投资机构投资的企业来说，高质量的承销商更愿意参与有股权投资机构投资的企业的承销工作，因为高质量的承销商更倾向于参与被严密监督的企业上市承销。在股权投资机构的监督监管作用下，股权投资机构参与的企业 IPO 的价格也定得距离企业内在价值更接近，因此 IPO 初始回报更低。

【3】 逐名效应说（Grandstanding hypothesis）

股权投资机构的利润来源于通过募集资金并投资企业而获得的高额收益。已有大量理论和实证研究表明声誉和业绩对筹集资本有着重要的作用。"逐名效应说"认为一些年轻和欠缺经验的股权投资机构为了博取声誉，会过早地将企业推向上市，从而加重 IPO 抑价，表现为更高的初始回报。

---

[1] Barry, C., Muscarella, C., Peavy, J., Vetsuypens, M., The Role of Venture Capital in the Creation of Public Companies：Evidence from the Going – Public Process，Journal of Financial Economics，1990，Vol. 27，447～471.

Gompers（1996）[1]研究表明，那些欠缺经验的股权投资机构参与的企业比有经验的股权投资机构参与的企业在IPO时具有更高的抑价度，即更高的初始回报。股权投资机构的投资业绩关系到其能否在资本市场上顺利募集后续资金，被投资企业实现IPO上市有助于股权投资机构声誉的维护和提升，尤其在欠缺经验的情况下，要依靠IPO记录提升自己的声誉。因此，为了募集下一期资金，当前项目的成功上市对于提升股权投资机构声誉是至关重要的，所以他们为了尽快使被投资企业上市，愿意牺牲一部分利益，降低发行价，基础这样的原因，这些企业的IPO初始回报较高。

上述三种效应主要是成熟的资本市场中股权投资基金在企业IPO中的作用，而我国的资产市场还尚未成熟，具有其特殊性。对于我国股权投资基金对企业IPO初始回报影响的研究还很少涉及，已有的研究也是随着深圳中小板上市公司的增多逐渐展开，而由于我国创业板开启时间较短，有关创业板市场上股权投资对于企业IPO初始回报影响的实证研究则几乎没有。

3. PE与创业板上市公司实证研究

1　样本选择与数据来源

这一部分中，以我国2010年12月31日前在创业板上市的153家公司作为研究对象，研究分析股权投资基金与上市公司IPO初始回报

---

[1] Gompers, P., Grandstanding in the Venture Capital Industry, Journal of Financial Economics, 1996, Vol. 42, 133～156.

之间的关系，选取和处理这 153 家公司 2007～2009 年的数据，数据来源于 wind 资讯以及个股的招股说明书，在实证过程中选取 5% 作为界定是否有股权投资参与的最低标准。

②　变量定义

本书中采用企业上市首日股价涨跌幅作为衡量企业 IPO 初始回报的变量（Initial）。其他变量包括公司规模（以总资产自然对数 LAS-SET 来衡量）；股份发行比例（Rate），即发行量占总股本的百分比；公司上市时年龄（Age），即公司成立日至上市日的年限；公司上市日的上证指数收益率（Return）；公司发行市盈率（PEratio）；净资产收益率（ROE）；公司资产负债率（DAR）；股权投资虚拟变量（DPE），若股权投资机构占公司股份≥5%，则 DPE = 1，若没有股权投资机构参与，或虽有股权投资机构参与但占公司股份 < 5%，则 DPE = 0；虚拟变量 Reputation，高声誉承销商 Reputation = 1，低声誉承销商 Reputation = 0。对于上市公司承销商声誉的判断，依据公司上市当年该券商的总承销金额，排名在前 20 的被定义为高声誉的承销商，其余的则被定义为低声誉的承销商。

对于行业的划分，与书中前面的部分相同，在证监会行业分类的基础上，将创业板上市公司的行业分为六类，分别为电子，生物医药，信息技术，材料（石化、塑料、金属等），制造业（机械、设备、仪表等），其他（食品、服务业、印刷等）。

③　数据统计与分析

表 6.1 是创业板上市的 153 家样本公司上市首日股价涨跌幅（Initial）、股份发行比例（Rate）、公司上市日的上证指数收益率（Return）、公司发行市盈率（PEratio）、公司上市时年龄（Age）以及 2007～2009 年公司总资产（ASSET）、总利润（PROFIT）、净资产收

益率（ROE）、资产负债率（DAR）均值的描述性统计。可见，样本公司上市首日平均股价涨跌幅为 50.73%，最大值为 209.73%，最小值为 -9.91%。总资产、总利润均值分别为 31503.14 万元和 4765.70 万元，净资产收益率、资产负债率均值分别为 34.96% 和 40.22%。股份发行比例均值为 22.19%，最大值为 25.97%，最小值为 5.05%。公司上市日的上证指数收益率均值为 -0.09%，最大值为 2.26%，最小值为 -5.16%。公司发行市盈率均值为 68.60，最小值为 36.98，最大值为 138.46。公司上市时年龄均值为 9.67 年，最大值为 23.67 年，最小值为 4.47 年。

表6.1	样本公司变量的统计				
	均值	中位数	最小值	最大值	标准差
Initial（%）	50.73	43.21	-9.91	209.73	39.89
ASSET（万元）	31503.14	25890.01	3790.13	135827.40	20713.22
PROFIT（万元）	4765.70	4039.38	1413.86	22781.42	3081.61
ROE（%）	34.96	32.30	14.89	85.44	13.71
DAR（%）	40.22	39.70	7.92	75.66	14.56
Rate（%）	22.19	25.00	5.05	25.97	5.11
Return（%）	-0.09	0.10	-5.16	2.26	1.54
PEratio	68.60	65.45	36.98	138.46	19.70
Age（年）	9.67	9.40	4.47	23.67	3.32

表 6.2 是根据行业分类的样本公司中股权投资参与和承销商声誉情况的统计。从表 6.2 可以看出，在 153 家样本公司中，有 81 家公司有 PE 参与且股份比例大于等于 5%，占公司总数量的 52.94%；有 72 家样本公司 PE 参股比例小于 5%，占公司总数量的 47.06%。在 153 家样本公司中，有 106 家公司为高声誉承销商，占公司总数量的 69.28%；有 47 家为低声誉承销商，占公司总数量的 30.72%。

表6.2　根据行业分类的样本公司中 PE 参与、承销商声誉情况统计

	数量（家）	有 PE 参与且≥5%		PE <5%		承销商声誉 = 1		承销商声誉 = 0	
制造业	45	24	53.33%	21	46.66%	30	66.67%	15	33.33%
信息技术	31	18	58.06%	13	41.94%	24	77.42%	7	22.58%
生物医药	13	10	76.92%	3	23.07%	8	61.54%	5	38.46%
电子	19	10	52.63%	9	47.37%	14	73.68%	5	26.32%
材料	21	8	38.10%	13	61.90%	14	66.67%	7	33.33%
其他	24	11	45.83%	13	54.16%	16	66.67%	8	33.33%
全部	153	81	52.94%	72	47.06%	106	69.28%	47	30.72%

【4】 实证分析及结果

为了研究分析股权投资基金与创业板上市公司 IPO 初始回报之间的关系，在实证研究阶段，应用 STATA9 统计软件，采用最小二乘法对企业上市首日股价涨跌幅百分比（Initial）与各个解释变量进行线性回归分析，设定回归模型如方程（6.1），其中总资产、净资产收益率、资产负债率数据均为 2007～2009 年均值。

$$\text{Initial} = \alpha + \beta_1 \text{DPE} + \beta_2 \text{LASSET} + \beta_3 \text{Rate} + \beta_4 \text{Age} + \beta_5 \text{Return}$$
$$+ \beta_6 \text{PEratio} + \beta_7 \text{ROE} + \beta_8 \text{DAR} + e \qquad (6.1)$$

回归结果见表6.3，企业 IPO 初始回报与 DPE 在 10% 的置信水平下显著正相关，也就是说，相同条件下，有股权投资基金参与的企业 IPO 初始回报显著高于没有股权投资基金参与的企业 IPO 初始回报，即股权投资基金的参与对企业 IPO 初始回报有正效应。回归表明，两者相关系数为 10.86，说明股权投资基金的参与使企业上市首日股价涨跌幅提高 10.86%。

从表6.3 还可以看出，IPO 初始回报与公司规模在 5% 的置信水平下显著负相关，即公司规模越大，IPO 初始回报越小。回归结果显示两者相关系数为 -12.10，也就是说，公司总资产规模增加一倍，

公司上市首日股价涨跌幅降低 8.39%[1]。这是由于在创业板上市的公司均为中小企业，与规模相对较大的企业相比，规模小的企业通常具有更大的投机性，并具有股本扩张、易并购等题材，更容易被炒作。这种高预期可能会使市场上的投资者更愿意参与这类企业的投资，股票交易更加频繁和活跃，从而表现为较高的初始回报[2]。

IPO 初始回报与股份发行比例（发行量占总股本的百分比）在 1% 的置信水平下呈现显著的负相关关系，即股份发行比例越大，IPO 初始回报越小，且相关系数为 -3.06，表明股份发行比例增加 10%，IPO 初始回报降低 30.6%。股份发行比例越低，即流通比例越低，往往更利于庄家控盘，股权集中度更高，所以二级市场对此类股票给予了一定程度的升水，即更高的价格，但由于一级市场发行价格存在刚性，其增长幅度不及二级市场的增长幅度，从而表现为较高的初始回报[3]。

在 5% 的置信水平下，IPO 初始回报与公司上市时年龄显著负相关，且系数为 -2.03，即公司上市时年龄小一年，IPO 初始回报提高 2.03%。这与一些研究得出两者不存在显著的相关性的结论不符[4]，这种负相关性可能是由于企业上市时成立时间越短，发展速度更快，从而具有较高的初始回报。

IPO 初始回报与公司上市日的上证指数收益率在 5% 的置信水平下显著正相关，相关系数为 4.73，即公司上市日的上证指数收益率提高 1%，IPO 初始回报提高 4.73%。这是因为当市场处于牛市时，几乎所有的股票都有一定程度的升水，但由于发行价格定价的刚性，其

---

[1] $\Delta Initial\% = [12.10 * \ln(2ASSET) - 12.10 * \ln(ASSET)]\% = [12.10 * \ln 2]\% = 8.39\%$.

[2] 刘玉灿，涂奉生："对中国 A 股市场新股初始回报的分析与研究"，《系统工程学报》，2004 年第 1 期。

[3] 李强，田常浩："我国 A 股股票首次发行上市初始回报的实证研究"，《工业技术经济》，2003 年第 3 期。

[4] 蒋健，刘智毅，姚长辉："IPO 初始回报与创业投资参与——来自中小企业板的实证研究"，《经济科学》，2011 年第 1 期。

增长幅度不及二级市场，于是形成了较高的初始回报，因此两者存在显著的正相关关系。

IPO 初始回报与发行市盈率在 10% 的置信水平下显著负相关，即发行市盈率越大，IPO 初始回报越小。因为发行市盈率越高，意味着定价较高，从而使得初始回报较低。

IPO 初始回报与净资产收益率在 1% 的置信水平下显著负相关，两者系数为 - 0.73，即净资产收益率提高 10%，IPO 初始回报减小 7.3%。这是由于绩优公司良好的盈利能力已经体现在发行价格里，净资产收益率越高，发行价越高，初始回报越低[1]。而公司资产负债率与 IPO 初始回报并无显著的相关关系。

表 6.3　　变量对企业 IPO 初始回报的相关系数及显著性检验

变量	系数	标准差	T 值
DPE	10.86	6.08	1.78* (0.076)
LASSET	- 12.10	5.98	- 2.02** (0.045)
Rate	- 3.06	0.67	- 4.59*** (0.000)
Age	- 2.03	0.90	- 2.26** (0.026)
Return	4.73	2.02	2.34** (0.021)
PEratio	- 0.28	0.16	- 1.76* (0.080)
ROE	- 0.73	0.23	- 3.18*** (0.002)
DAR	0.06	0.22	0.25 (0.800)
Adjusted R - squared	0.2345		
F - statistic	6.71		

注：括号里的数据为显著性概率；* 表示显著性为 0.1，** 表示显著性为 0.05，*** 表示显著性为 0.01。

[5] 敏感性分析及检验

为了更准确地讨论股权投资基金与创业板上市公司 IPO 初始回报

---

[1]　俞颖："核准制 IPO 初始收益率实证研究"，《生产力研究》，2004 年第 10 期。

之间的关系，在方程（6.1）的基础上，加入承销商声誉虚拟变量 Reputation，以剔除承销商声誉对创业板上市公司 IPO 初始回报可能产生的影响[①]。如前所述，高声誉承销商 Reputation = 1，低声誉承销商 Reputation = 0。回归模型如方程（6.2）所示。

$$Initial = \alpha + \beta_1 DPE + \beta_2 LASSET + \beta_3 Rate + \beta_4 Age + \beta_5 Return$$
$$+ \beta_6 PEratio + \beta_7 ROE + \beta_8 DAR + \beta_9 Reputation + e$$

$$(6.2)$$

　　加入承销商声誉虚拟变量后的回归结果如表 6.4 所示，可见结果均与方程（6.1）回归结果一致。创业板上市公司 IPO 初始回报与 DPE 在 10% 的置信水平下显著正相关，也就是说，股权投资基金对企业 IPO 初始回报具有显著的正效应。

　　同样由表 6.4 可知，创业板上市公司 IPO 初始回报与公司规模在 10% 的置信水平下具有显著的负相关关系，即公司规模越大，IPO 初始回报越小。创业板上市公司 IPO 初始回报与股份发行比例在 1% 的置信水平下呈现显著的负相关性，即股份发行比例越大，IPO 初始回报越小。创业板上市公司 IPO 初始回报与公司上市时年龄在 5% 的置信水平下呈现显著的负相关关系，也就是说，公司上市时年龄越小，IPO 初始回报越大。同时回归结果表明，创业板上市公司 IPO 初始回报与公司上市日的上证指数收益率在 5% 的置信水平下显著正相关，即公司上市日的上证指数收益率越高，IPO 初始回报越大。IPO 初始回报与净资产收益率在 1% 的置信水平下显著负相关，具体而言，创业板上市公司的净资产收益率越大，其 IPO 初始回报越小。而公司资产负债率和承销商声誉均与 IPO 初始回报不存在显著的相关关系。

　　[①] 郭泓，赵震宇："承销商声誉对 IPO 公司定价、初始和长期回报影响实证研究"，《管理世界》，2006 年第 3 期。

表6.4　　　　加入承销商声誉虚拟变量后对公司 IPO
初始回报相关系数及显著性检验

变量	系数	标准差	T 值
DPE	11.23	6.11	1.84* (0.068)
LASSET	−10.73	6.22	−1.72* (0.087)
Rate	−2.93	0.69	−4.25*** (0.000)
Age	−2.06	0.90	−2.29** (0.024)
Return	4.53	2.04	2.22** (0.028)
PEratio	−0.26	−0.16	−1.63 (0.105)
ROE	−0.72	0.23	−3.10*** (0.002)
DAR	0.04	0.22	0.19 (0.851)
Reputation	−5.44	6.69	−0.81 (0.417)
Adjusted R − squared	0.2790		
F − statistic	6.02		

注：括号里的数据为显著性概率；* 表示显著性为 0.1，** 表示显著性为 0.05，*** 表示显著性为 0.01。

为了进一步检验研究结果的稳健性，考虑到不同行业的 IPO 初始回报可能有所不同，为了剔除行业因素对企业 IPO 初始回报的影响，在方程（6.2）的基础上加入行业虚拟变量（$DINK_k$），回归模型如方程（6.3）所示。

$$Initial = \alpha + \beta_1 DPE + \beta_2 LASSET + \beta_3 Rate + \beta_4 Age + \beta_5 Return$$
$$+ \beta_6 ROE + \beta_7 DAR + \beta_8 Reputation + \sum_{k=1}^{5} \gamma_k DIND_k + e$$

（6.3）

加入行业虚拟变量的回归结果见表 6.5。回归结果均与方程（6.1）、（6.2）结果一致。具体而言，企业 IPO 初始回报与 DPE 在 10% 的置信水平下具有显著的正相关性。IPO 初始回报与股份发行比例在 1% 的置信水平下显著负相关。IPO 初始回报与公司上市时年龄在 5% 的置信水平下显著负相关。IPO 初始回报与公司上市日的上证指数收益率在 10% 的置信水平下显著正相关。IPO 初始回报与上市发行市盈率在 10% 的置信水平下显著负相关。IPO 初始回报与净资产收益率在 1% 的置信水平下显著负相关。基于上述分析和检验，可以认为方程（6.1）具有较好的稳健性。

表 6.5　　　　　　　　加入行业虚拟变量后
对企业 IPO 初始回报的相关系数及显著性检验

变量	系数	标准差	T 值
DPE	11.19	6.23	1.80* (0.074)
LASSET	−10.28	6.31	−1.63 (0.105)
Rate	−2.72	0.70	−3.89*** (0.000)
Age	−2.22	0.93	−2.39** (0.018)
Return	3.99	2.08	1.91* (0.058)
PEratio	−0.30	−0.16	−1.82* (0.070)
ROE	−0.78	0.24	−3.33*** (0.001)
DAR	−0.01	0.23	−0.03 (0.973)
Reputation	−5.57	6.79	−0.82 (0.414)
Adjusted R − squared	0.2277		
F − statistic	4.14		

注：括号里的数据为显著性概率，* 表示显著性为 0.1，** 表示显著性为 0.05，*** 表示显著性为 0.01。

回归得出结论，股权投资基金与企业 IPO 初始回报具有显著的正相关关系。国际学术界关于股权投资基金在企业 IPO 中的作用的三种不同看法，分别为证明说、监督说、逐名效应说。一些对于西方成熟资本市场中股权投资基金与企业 IPO 初始回报的关系的研究得出两者负相关的结论，证明说、监督说为此提供了理论解释。这与我们通过实证分析方法得出的两者显著正相关的结论不相符，所以不能用这两个理论来解释。

另一些研究表明，股权投资基金与企业 IPO 初始回报正相关，国际学术界将此归因于逐名效应说，即认为那些欠缺经验的股权投资机构参与的企业比有经验的股权投资机构参与的企业在 IPO 时具有更高的抑价度，即更高的初始回报。因为欠缺经验的股权投资机构为了尽快使被投资企业上市，愿意牺牲一部分利益，降低发行价，因此这些企业的 IPO 初始回报较高。为了研究我国创业板 IPO 初始回报与股权投资基金的显著正相关关系是否符合逐名效应说，研究有股权投资基金参与的企业是否会降低发行价，我们来进一步考察公司上市发行市盈率与是否有股权投资基金参与之间的关系。将公司上市发行市盈率与相关变量进行回归，如方程（6.4），回归结果如表 6.6 所示。其中总资产、净资产收益率、总利润、资产负债率数据均为 2007～2009 年均值。

$$\text{PEratio} = \alpha + \beta_1 \text{DPE} + \beta_2 \text{LASSET} + \beta_3 \text{Rate} + \beta_4 \text{Age} + \beta_5 \text{ROE}$$

$$+ \beta_6 \text{PROFIT} + \beta_7 \text{DAR} + \beta_8 \text{Reputation} + \sum_{k=1}^{5} \gamma_k DIND_k + e$$

$$(6.4)$$

表 6.6　　相关变量对公司上市发行市盈率的相关系数及显著性检验

变量	系数	标准差	T 值
DPE	1.80	3.47	0.52（0.603）
LASSET	-2.71	4.85	-0.56（0.576）
Rate	0.28	0.39	0.73（0.464）
Age	-0.40	0.52	-0.78（0.434）
ROE	0.15	0.17	0.89（0.377）
PROFIT	-0.00	0.00	-0.42（0.674）
DAR	-0.01	0.14	-0.05（0.962）
Reputation	7.44	3.69	2.02**（0.046）
Adjusted R-squared	0.0286		
F-statistic	1.34		

注：括号里的数据为显著性概率；** 表示显著性为 0.05。

从回归结果表 6.6 可以看出，公司上市发行市盈率与虚拟变量 DPE 并不存在显著的相关关系。同时可以得出，承销商声誉与发行市盈率在 5% 的置信水平下呈现显著的正相关关系，承销商声誉越好，发行市盈率越高。

根据回归结果，发行市盈率与 DPE 并不存在显著的相关关系，即公司上市发行市盈率与是否有股权投资基金参与两者之间并无显著相关关系。这与逐名效应说认为的股权投资机构为了获得声誉，愿意牺牲一部分利益，降低发行价，从而尽快使被投资企业上市不一致。因此可以认为股权投资基金与企业 IPO 初始回报具有显著的正相关关系并不能由逐名效应说来很好地解释。

基于此，对于股权投资基金与企业 IPO 初始回报具有显著的正相关关系，作者提出一种新的"市场信号说"。具体而言，被投资企业上市后，给投资者传递了积极的信号，股票市场公众投资者认可股权投资基金给企业带来的价值提升作用，并看到企业的前景，因此更愿意参与这些企业的投资，于是这些企业实现了更高的 IPO 初始回报。因此，股权投资基金与企业 IPO 初始回报表现为显著的正相关关系。

4. PE 与中小企业板上市公司实证研究

【1】 样本选择与数据来源

接下来，基于我国中小企业板上市公司情况，运用面板数据研究分析股权投资基金与上市公司 IPO 初始回报之间的关系，以我国 2011 年 6 月 30 日前在中小企业板上市的 592 家公司作为研究对象，选取和处理这 592 家公司 2008 ~ 2010 年的数据，数据来源于 wind 数据库以及个股的招股说明书，仍选取 5% 作为界定是否有股权投资基金的最低标准。

② 变量定义

这里同样采用企业上市首日股价涨跌幅作为衡量企业 IPO 初始回报的变量（Intial）。其他变量包括公司规模（以总资产自然对数 LASSET 来衡量）；股份发行比例（Rate），即发行量占总股本的百分比；公司上市时年龄（Age），即公司成立日至上市日的年限；公司上市日的上证指数收益率（Return）；公司发行市盈率（PEratio）；净资产收益率（ROE）；公司资产负债率（DAR）；股权投资虚拟变量（DPE），若股权投资占公司股份≥5%，则 DPE＝1，若没有股权投资参与，或虽有股权投资参与但占公司股份＜5%，则 DPE＝0；虚拟变量 Reputation，高声誉承销商 Reputation＝1，低声誉承销商 Reputation＝0。与前面部分相同，对于上市公司承销商声誉的判断，依据公司上市当年该券商的总承销金额，排名在前 20 的被定义为高声誉的承销商，其余的则被定义为低声誉的承销商。

如前所示，书中对中小企业板上市公司的行业进行了划分，在证监会行业分类的基础上，将所有中小企业板上市公司所处行业分为七类，分别为电子，生物医药，信息技术，房地产，材料（石化、塑料、金属等），制造业（机械、设备、仪表等），其他（食品、服务业、印刷等）。

③ 数据统计与分析

表 6.7 是中小企业板上市的 592 家样本公司上市首日股价涨跌幅（Initial）、股份发行比例（Rate）、公司上市日的上证指数收益率（Return）、发行市盈率（PEratio）、公司上市时年龄（Age）、2008 ~ 2010 年总资产（ASSET）、总利润（PROFIT）、净资产收益率（ROE）、资产负债率（DAR）均值的描述性统计。从表 6.7 中可以看到，中小企业板上市公司上市首日平均股价涨跌幅为 85.82%，最大

值为 538.12%，最小值为 -15.55%；总资产均值为 192397.17 万元，最大值为 17662979.62 万元，最小值为 13582.30 万元。总利润均值为 14421.80 万元，最大值为 409309.47 万元，最小值为 -13399.20 万元；净资产收益率、资产负债率均值分别为 17.91% 和 41.03%。股份发行比例均值为 25.28%，最大值为 45.45%，最小值为 3.36%。公司上市日的上证指数收益率均值为 -0.14%，最大值为 9.46%，最小值为 -7.19%。公司发行市盈率均值为 39.78，最大值为 113.64，最小值为 6.67。公司上市时年龄均值为 4.56 年，最大值为 22.32 年，最小值为 0.38 年。

表 6.7　　　　　　　　　　样本公司变量的统计

	均值	中位数	最小值	最大值	标准差
Initial（%）	85.82	58.93	-15.55	538.12	92.47
ASSET（万元）	192397.17	100326.10	13582.30	17662979.62	773146.20
PROFIT（万元）	14421.80	7725.50	-13399.20	409309.47	28948.83
ROE（%）	17.91	17.72	-113.47	86.87	13.24
DAR（%）	41.03	40.93	2.17	101.17	16.53
Rate（%）	25.28	25.09	3.36	45.45	4.78
Return（%）	-0.14	-0.10	-7.19	9.46	1.82
PEratio	39.78	33.31	6.67	113.64	17.92
Age（年）	4.56	3.35	0.38	22.32	3.25

　　表 6.8 是根据行业分类的样本公司中股权投资参与和承销商声誉情况的统计。从表 6.8 可知，在 592 家样本公司中，有 273 家公司有 PE 参与且股份比例大于等于 5%，占公司总数量的 46.11%，有 319 家样本公司 PE 比例小于 5%，占公司总数量的 53.88%。在 592 家样本公司中，有 382 家公司为高声誉承销商，占公司总量的 64.53%；有 210 家为低声誉承销商，占公司总量的 35.47%。每个行业的承销商声誉情况也可以从表 6.8 中得到。

表 6.8　　根据行业分类的样本公司中 PE 参与、承销商声誉情况统计

	数量（家）	有 PE 参与且 ≥5%		PE <5%		承销商声誉 =1		承销商声誉 =0	
制造业	215	110	51.16%	105	48.84%	130	60.47%	85	39.53%
信息技术	62	26	41.94%	36	58.07%	44	70.97%	18	29.03%
生物医药	40	18	45.00%	22	55.00%	23	57.50%	17	42.50%
电子	48	19	39.58%	29	60.42%	36	75.00%	12	25.00%
材料	101	44	43.56%	57	56.44%	69	68.32%	32	31.68%
房地产	9	0	0.00%	9	100.00%	6	66.67%	3	33.33%
其他	117	56	47.86%	61	52.13%	74	63.25%	43	36.75%
全部	592	273	46.11%	319	53.88%	382	64.53%	210	35.47%

【4】 实证分析及结果

为了研究分析股权投资基金与中小企业板上市公司 IPO 初始回报之间的关系，在实证研究阶段，应用 STATA9 统计软件，采用最小二乘法对企业上市首日股价涨跌幅百分比（Initial）与各个解释变量进行线性回归分析，设定回归模型如方程（6.5），其中总资产、净资产收益率、资产负债率数据均为 2007～2009 年均值。

$$\text{Initial} = \alpha + \beta_1 \text{DPE} + \beta_2 \text{LASSET} + \beta_3 \text{Rate} + \beta_4 \text{Age} + \beta_5 \text{Return}$$
$$+ \beta_6 \text{PEratio} + \beta_7 \text{ROE} + \beta_8 \text{DAR} + e \qquad (6.5)$$

回归结果如表 6.9 所示，在 10% 的置信水平下，在中小企业板上市的公司 IPO 初始回报与 DPE 呈现显著的正相关关系。也就是说，在相同条件下，有股权投资基金参与的中小企业板上市公司 IPO 初始回报显著高于没有股权投资基金参与的公司 IPO 初始回报，即股权投资基金的参与对企业 IPO 初始回报具有正效应。且两者相关系数为10.02，说明股权投资基金的参与使中小企业板上市的公司上市首日股价涨跌幅提高 10.02%。

同时，在 1% 的置信水平下，中小企业板上市公司 IPO 初始回报

与公司规模呈现显著的负相关关系，具体而言，公司规模越大，中小企业板上市公司 IPO 初始回报越小。且两者相关系数是 -19.71，通过计算可知，若中小企业板上市公司总资产规模增加一倍，其上市首日股价涨跌幅降低 13.66%[①]。与创业板上市公司类似，中小企业板上市公司均为中小企业，这些规模相对较小的企业通常具有更大的投机性，并具有股本扩张、易并购等题材，更容易被炒作，这些特点使投资者更愿意参与这类企业的投资，股票交易更加频繁和活跃，从而表现出较高的初始回报。结果还显示，在 10% 的置信水平下，中小企业板上市公司 IPO 初始回报与资产负债率呈现显著的正相关关系，也就是说，对于中小企业板上市公司而言，公司资产负债率越大，IPO 初始回报越大，且两者相关系数为 0.44，即公司资产负债率增加 1%，公司上市首日股价涨跌幅提高 0.44%。

表 6.9　变量对企业 IPO 初始回报的相关系数及显著性检验

变量	系数	标准差	T 值
DPE	10.02	5.61	1.79* (0.075)
LASSET	-19.71	4.94	-3.99*** (0.000)
Rate	-0.71	0.77	-0.93 (0.352)
Age	-0.35	0.91	-0.38 (0.703)
Return	1.82	1.56	1.17 (0.244)
PEratio	0.08	0.25	0.34 (0.738)
ROE	-0.22	0.29	-0.76 (0.447)
DAR	0.44	0.23	1.94* (0.052)
Adjusted R - squared	0.4783		
F - statistic	37.12		

注：括号里的数据为显著性概率；* 表示显著性为 0.1，*** 表示显著性为 0.01。

---

① ΔInitial% = [19.71 * ln (2ASSET) - 19.71 * ln (ASSET)]% = [19.71 * ln2]% = 13.66%.

【5】 敏感性分析及检验

在回归模型方程（6.5）的基础上，为了更好地讨论股权投资基金与中小企业板上市公司 IPO 初始回报之间的关系，加入承销商声誉虚拟变量 Reputation，以剔除承销商声誉对中小企业板上市公司 IPO 初始回报可能产生的影响。如前所述，高声誉承销商 Reputation = 1，低声誉承销商 Reputation = 0，加入承销商声誉虚拟变量如方程（6.6）所示。

$$Initial = \alpha + \beta_1 DPE + \beta_2 LASSET + \beta_3 Rate + \beta_4 Age + \beta_5 Return$$
$$+ \beta_6 PEratio + \beta_7 ROE + \beta_8 DAR + \beta_9 Reputation + e$$

$$(6.6)$$

加入承销商声誉虚拟变量后的回归结果见表 6.10，结果表明，在 10% 的置信水平下，变量 DPE 与中小企业板上市公司 IPO 初始回报呈现显著的正相关性，即股权投资基金对中小企业板上市公司 IPO 初始回报有显著的正效应。

回归结果还显示，在 1% 的置信水平下，中小企业板上市公司 IPO 初始回报与公司规模呈现显著的负相关性，即中小企业板上市公司规模越大，其 IPO 初始回报越小。另外，在 5% 的置信水平下，中小企业板上市公司 IPO 初始回报与资产负债率呈现显著的正相关性，即中小企业板上市公司资产负债率越大，IPO 初始回报越大。上述结果均与方程（6.5）回归结果一致。

表 6.10　加入承销商声誉变量后对企业 IPO 初始回报的相关系数及显著性检验

变量	系数	标准差	T 值
DPE	9.87	5.62	1.75 * （0.080）
LASSET	−20.00	4.97	−4.03 *** （0.000）
Rate	−0.71	0.77	−0.92 （0.356）

变量	系数	标准差	T 值
Age	− 0.36	0.91	− 0.40（0.689）
Return	1.79	1.56	1.14（0.253）
PEratio	0.08	0.25	0.30（0.763）
ROE	− 0.23	0.29	− 0.79（0.430）
DAR	0.45	0.23	1.98 * *（0.048）
Reputation	3.54	5.99	0.59（0.555）
Adjusted R − squared	0.4777		
F − statistic	34.79		

注：括号里的数据为显著性概率；* 表示显著性为 0.1，* * 表示显著性为 0.05，* * * 表示显著性为 0.01。

为了进一步检验研究结果的稳健性，考虑到不同行业的 IPO 初始回报可能有所不同，为了剔除行业因素对中小企业板上市公司 IPO 初始回报的影响，在方程（6.6）的基础上加入行业虚拟变量（DIND_k），如方程（6.7）所示。

$$\mathrm{Initial} = \alpha + \beta_1 \mathrm{DPE} + \beta_2 \mathrm{LASSET} + \beta_3 \mathrm{Rate} + \beta_4 \mathrm{Age} + \beta_5 \mathrm{Return}$$
$$+ \beta_6 \mathrm{PEratio} + \beta_7 \mathrm{ROE} + \beta_8 \mathrm{DAR} + \beta_9 \mathrm{Reputation}$$
$$+ \sum_{k=1}^{5} \gamma_k \mathrm{DIND} + e \tag{6.7}$$

加入行业虚拟变量的回归结果如表 6.11 所示。由表 6.11 可知，中小企业板上市公司 IPO 初始回报与 DPE 在 10% 的置信水平下显著正相关，即股权投资基金对中小企业板上市公司 IPO 初始回报有显著正效应。

同时，中小企业板上市公司 IPO 初始回报与公司规模在 1% 的置信水平下显著负相关，即中小企业板上市公司规模越大，其 IPO 初始回报越小。中小企业板上市公司 IPO 初始回报与资产负债率在 5% 的置信水平下呈现显著的正相关性，即中小企业板上市公司资产负债率越大，IPO 初始回报越大。上述结果均与方程（6.6）、方程（6.7）

回归结果一致，因此可以认为方程（6.6）具有稳健性。

表6.11 加入行业虚拟变量后对企业 **IPO** 初始回报的
相关系数及显著性检验

变量	系数	标准差	T 值
DPE	9.49	5.67	1.67* (0.095)
LASSET	−20.03	5.01	−4.00*** (0.000)
Rate	−0.71	0.77	−0.92 (0.360)
Age	−0.49	0.92	−0.53 (0.598)
Return	1.79	1.58	1.13 (0.257)
PEratio	0.06	0.25	0.24 (0.809)
ROE	−0.17	0.29	−0.57 (0.571)
DAR	0.51	0.24	2.16** (0.031)
Reputation	2.75	6.04	0.46 (0.648)
Adjusted R − squared	0.4748		
F − statistic	25.28		

注：括号里的数据为显著性概率；*表示显著性为0.1，**表示显著性为0.05，***表示显著性为0.01。

接下来，与前面相同，为了进一步探讨我国中小企业板上市公司 IPO 初始回报与股权投资基金的显著正相关关系是否符合逐名效应说，研究有股权投资基金参与的企业是否会降低发行价，我们来对公司上市发行市盈率与是否有股权投资基金参与的关系进行研究。将公司上市发行市盈率与相关变量进行回归，如方程（6.8），回归结果如表6.12 所示。其中总资产、净资产收益率、总利润、资产负债率数据均为 2007~2009 年均值。

$$\text{PEratio} = \alpha + \beta_1 \text{DPE} + \beta_2 \text{LASSET} + \beta_3 \text{Rate} + \beta_4 \text{Age} + \beta_5 \text{ROE}$$

$$+ \beta_6 \text{PROFIT} + \beta_7 \text{DAR} + \beta_8 \text{Reputation} + \sum_{k=1}^{5} \gamma_k \text{DIND} + e$$

$$(6.8)$$

表 6.12　　　　相关变量对公司上市发行市盈率的相关系数及显著性检验

变量	系数	标准差	T 值
DPE	2.08	1.28	1.62（0.106）
LASSET	-7.46	1.19	-6.27***（0.000）
Rate	-0.72	0.15	-4.67***（0.000）
Age	-0.13	0.20	-0.63（0.530）
ROE	0.41	0.06	7.06***（0.000）
PROFIT	-0.00	0.00	-1.83*（0.068）
DAR	0.20	0.05	4.50***（0.000）
Reputation	1.70	1.36	1.25（0.211）
Adjusted R – squared	0.2731		
F – statistic	16.86		

注：括号里的数据为显著性概率；*表示显著性为 0.1，***表示显著性为 0.01。

从表 6.12 可以看出，中小企业板公司上市发行市盈率与虚拟变量 DPE 并不存在显著的相关关系。回归结果还表明，在 1% 的置信水平下，中小企业板公司上市发行市盈率与公司规模呈现显著的负相关关系，与股份发行比例呈现显著的负相关关系，与公司净资产收益率呈显著的正相关关系，与公司资产负债率呈现显著的正相关关系。

根据表 6.12 显示的回归结果，中小企业板公司上市发行市盈率与 DPE 并不存在显著的相关性，即中小企业板公司上市发行市盈率与是否有股权投资基金参与两者之间并无显著相关关系。与创业板的研究结论相同，可以认为股权投资基金与企业 IPO 初始回报具有显著的正相关关系并不能由逐名效应说来进行解释，因为逐名效应说认为股权投资机构为了获得声誉，愿意牺牲一部分利益，降低发行价，从而尽快使被投资企业上市，也就是说股权投资基金的参与和发行价之间存在着相关性，这与研究结论不符合。

因此，中小企业板上市公司 IPO 初始回报与 DPE 存在显著的正相关关系，同样符合前面提出的"市场信号说"。具体而言，被投资的企业在中小企业板成功上市后，给投资者传递了积极的信号，股票市场公众投资者认可股权投资基金给这些中小企业带来的价值提升作用，并看好企业的发展前景，因此更愿意参与这些企业的投资，于是这些企业实现了更高的 IPO 初始回报。基于此，股权投资基金与中小企业板上市公司 IPO 初始回报表现为显著的正相关关系。

5. PE 对企业 IPO 初始回报的作用

　　股权投资基金是一种新兴的直接投资金融工具，无论是从机制上还是操作模式上，都有着独特的优势，股权投资基金充分地把资金和人力资本有效地结合起来，实现了效率的提高和价值的增长。中小企业板和创业板的建立也为股权投资基金的退出渠道提供了更多的选择。

　　股权投资基金的参与有助于企业 IPO 初始回报的提高，两者正相关，股权投资基金参与投资的企业上市后，给投资者传递了积极的信号，股票市场公众投资者认可股权投资基金给企业带来的价值提升作用，并看好企业的未来，因此更愿意参与这些企业的投资，于是这些企业实现了更高的 IPO 初始回报。

第七章

PE 与企业实际投资的关系

1. PE 与公司治理

20 世界 70 年代以来，国内外学术界和产业界对于公司治理的探讨，很多是围绕公司的融资结构和所有权、控制权分离带来的股东—经理人之间的委托代理问题进行研究分析，不同融资结构和债务杠杆的使用会对股东—经理人之间的委托代理关系产生不同的作用，从而影响公司治理以及企业的投资决策和行为，最终影响公司绩效和企业价值[①]。

股权投资基金作为一种金融创新和产业创新的结果，是近年来全球金融市场出现的重要现象。随着股权投资行业的迅速发展，股权投资成为很多中小企业，尤其是中小高科技企业融资结构的重要组成部分，股权投资基金与其他的融资方式相比有其独有的优势和特点，这种融资方式对于企业的投资决策和投资行为会产生其特有的影响。

2. PE 与企业实际投资的实证研究

1　样本选取与数据来源

这一部分基于我国中小企业板上市公司情况，运用面板数据研究分析股权投资基金与企业实际投资之间的关系，以我国中小企业板上

---

① 窦炜，刘星：“债务杠杆、所有权特征与中国上市公司投资行为研究”，《经济与管理研究》，2011 年第 2 期。

市公司为研究样本，同时剔除了部分缺失数据，共获得 161 家上市公司数据，剔除异常值后，共获得 157 家样本公司数据，选取和处理这 157 家公司 2008～2010 年三年的共 471 个数据，在实证过程中选取 5% 作为界定是否有股权投资的最低标准。

② 变量定义

公司第 t 年新增实际投资支出净值（Invest）用长期股权投资、在建工程以及固定资产净值的总和增量表示，为了消除规模效应，对其用期初总资产进行了标准化处理。其他变量包括营业总收入增长率（Grow）；净现金流（FCF），同样用期初总资产进行了标准化处理；总资产收益率（ROA）；净资产收益率（ROE）；公司资产负债率（DAR）；股权投资虚拟变量（DPE），若股权投资占公司股份≥5%，则 DPE＝1，若没有股权投资参与，或虽有股权投资参与但占公司股份 <5%，则 DPE＝0。同时，为了控制行业效应，本章在后面的模型中加入了行业虚拟变量（DIND）。

与书中前面部分对中小企业板上市公司的行业分类相同，在证监会行业分类的基础上，将所有中小企业板上市公司所处行业分为七类，分别为电子，生物医药，信息技术，房地产，材料（石化、塑料、金属等），制造业（机械、设备、仪表等），其他（食品、服务业、印刷等）。

表 7.1　　　　　　　　　变量定义与计算方法一览表

变量名称	变量定义或计算方法
Invest	t 年长期股权投资、固定资产净值、在建工程的当年变化额/年初总资产
Grow	成长性指标，t 年的营业总收入增长率
FCF	现金流指标，t 年末经营活动现金净流量/年初总资产
ROA	t 年总资产收益率

变量名称	变量定义或计算方法
ROE	t 年净资产收益率
DAR	t 年总资产负债率
Profit	t 年总利润增长率
DIND	行业虚拟变量

【3】 数据统计与分析

　　表7.2 是中小企业板上市的 161 家样本公司 2008~2010 年标准化后的公司实际投资（Invest）、营业总收益增长率（Grow）、标准化后的现金净流量（FCF）、总利润增长率（Profit）、总资产收益率（ROA）、净资产负债率（ROE）和总资产负债率（DAR）的描述性统计。从表7.2 可以看出，2008 年、2009 年、2010 年标准化后的公司实际投资均值分别为 0.11、0.07、0.12。公司营业总收入增长率均值分别为 23%、8%、252%。经过标准化后的净现金流均值分别为 0.10、0.11、0.07。公司三年总利润增长率均值分别为 4%、4%、30%。公司总资产收益率均值分别为 8.15%、8.28%、7.14%。公司净资产收益率均值分别为 15.86%、16.48%、12.10%。公司总资产负债率均值分别为 48.49%、45.72%、40.05%。

　　表7.3 是根据行业分类的样本公司变量的平均统计情况。根据表7.3 可知，在 161 家样本公司中，公司数量最多的制造业行业共有 53 家，数量最少的是房地产行业共有 5 家。从经过标准化后的公司实际投资情况上看，实际投资比例最大的是电子行业，长期股权投资、固定资产净值、在建工程的当年变化额的总和除以年初总资产均值为 0.19；信息技术和材料行业的实际投资比例最小，长期股权投资、固定资产净值、在建工程的当年变化额的总和除以年初总资产均值为 0.07。从公司成长性指标营业总收入增长率来看，电子行业平均增长率最大，为 716%；生物医药行业平均增长率最小，为 12%。从经过

表 7.2　　样本公司 Invest、Grow、FCF、Profit、ROA、ROE、DAR 统计

	2008 年				2009 年				2010 年			
	均值	最大值	最小值	标准差	均值	最大值	最小值	标准差	均值	最大值	最小值	标准差
Invest	0.11	3.25	-0.08	0.27	0.07	0.81	-0.15	0.10	0.12	5.80	-0.33	0.46
Grow (%)	0.23	1.37	-0.55	0.30	0.08	0.66	-0.98	0.22	2.52	355.60	-0.47	28.00
FCF	0.10	0.62	-0.24	0.12	0.11	0.65	-0.35	0.11	0.07	3.28	-0.55	0.29
Profit (%)	0.04	13.73	-7.63	1.58	0.04	13.96	-28.14	2.93	0.30	11.00	-21.43	2.63
ROA (%)	8.15	46.38	-32.14	7.79	8.28	37.84	-19.28	7.45	7.14	25.58	-71.93	8.48
ROE (%)	15.86	103.17	-271.42	27.14	16.48	67.14	-17.88	13.07	12.10	45.50	-183.29	18.53
DAR (%)	48.49	107.44	3.29	18.01	45.72	129.27	3.60	17.92	40.05	97.30	2.83	19.78

标准化的净现金流来看，房地产行业现金流最大，均值等于 0.17；信息技术行业的现金流最小，均值等于 0.06。公司总利润增长率均值最大的是房地产公司，其总利润增长率均值为 118%；最小的是生物医药，为 -55%。公司总资产收益率均值最大的是房地产行业，为 15.31%；最小的是电子行业，其总资产收益率均值为 5.08%。同样，公司净资产均值最大的也是房地产公司，为 28.17%；最小的是电子行业公司，其净资产收益率均值为 8.78%。公司总资产负债率均值最大的是电子行业，为 50.50%；最小的是生物医药公司，其均值为 35.68%。

表 7.3　　　　　根据行业分类的样本公司变量均值统计

	数量（家）	Invest	Grow（%）	FCF	Profit（%）	ROA（%）	ROE（%）	DAR（%）
制造业	53	0.09	0.20	0.08	0.27	7.22	14.21	46.04
信息技术	13	0.07	0.23	0.06	-0.52	7.18	13.97	44.36
生物医药	12	0.09	0.12	0.11	-0.55	8.14	13.19	35.68
电子	17	0.19	7.16	0.13	0.08	5.08	8.78	50.50
材料	28	0.07	0.26	0.09	0.14	9.19	17.32	47.88
房地产	5	0.10	0.26	0.17	1.18	15.31	28.17	43.07
其他	33	0.11	0.20	0.09	0.26	8.20	15.59	40.79
全部	161	0.10	0.94	0.09	0.13	7.85	14.81	44.75

表 7.4 是样本公司中 PE 参与比例的统计数据，可以看出，在 161 家样本公司中，共有 99 家公司 PE = 0，占样本公司总数量的 61.49%；共有 5 家样本公司 PE 参股比例在 0 和 5% 之间，占样本公司总数量的 3.11%；在有 PE 参与的公司中，PE 参股比例最多的是 5% 至 25% 之间，共有 37 家公司，占公司总数量的 22.98%；有 17 家样本公司 PE 参股比例在 25% 和 50% 之间，占样本公司总数量的 10.56%；PE 参股比例大于等于 50% 的仅有 3 家公司，占公司总数量的 1.86%。

表7.4　　　　　　　　　样本公司中 PE 参与比例统计

	公司总数（家）	PE = 0		0 < PE <5%		5%≤PE <25%		25%≤PE <50%		PE≥50%	
公司数量	161	99	61.49%	5	3.11%	37	22.98%	17	10.56%	3	1.86%

表 7.5 是根据行业分类的 161 家样本公司中股权投资参与情况描述性统计。根据表 7.5 可知，在 161 家样本公司中，共有 57 家公司有 PE 参与且股份比例大于等于 5%，占公司总数量的 35.40%；有 5 家公司有 PE 参与但股份比例小于 5%，占公司总数量的 3.11%；有 99 家公司无 PE 参与，占公司总数量的 61.49%。因为在后面的实证研究部分选取 5% 为界定是否有股权投资的最低标准，因此将表 7.5 中的后两列进行相加，可知有 104 家公司 PE 小于 5%，占公司总数量的 64.60%。有 PE 参与且股份比例大于等于 5% 的样本公司中，PE 参与最多的是材料公司，占材料公司数量的 50.00%；PE 参与最少的是房地产公司，占房地产公司数量的 20.00%。

表 7.5　　　　　根据行业分类的样本公司中 PE 参与情况统计

	数量（家）	有 PE 参与且 ≥5%		有 PE 参与 但 0 < PE <5%		无 PE 参与	
制造业	53	20	37.74%	4	7.55%	29	54.72%
信息技术	13	6	46.15%	0	0.00%	7	53.85%
生物医药	12	3	25.00%	0	0.00%	9	75.00%
电子	17	7	41.18%	1	5.88%	9	52.94%
材料	28	14	50.00%	0	0.00%	14	50.00%
房地产	5	1	20.00%	0	0.00%	4	80.00%
其他	33	6	18.18%	0	0.00%	27	81.82%
全部	161	57	35.40%	5	3.11%	99	61.49%

【4】 实证分析及结果

为了研究分析股权投资基金与中小企业板上市公司实际投资之间

的关系，以我国中小企业板上市公司为研究样本，同时剔除了部分缺失数据，共获得161家上市公司数据，剔除 $Invest \geq 0.5$ 的4个异常值后，共获得157家样本公司数据，选取和处理这157家公司2008年～2010年的共471个数据，在实证研究阶段，应用STATA9统计软件，采用随机效应估计法（RE）对公司投资与各个解释变量进行线性回归分析，设定回归模型如下：

$$\text{Invest} = \alpha + \beta_1 \text{DPE} + \beta_2 \text{Grow} + \beta_3 \text{FCF}$$

$$+ \beta_4 \text{ROA} + \sum_{k=1}^{6} \gamma_k \text{DIND}_k + e \qquad (7.1)$$

回归结果见表7.6，中小企业板上市公司实际投资 Invest 与 DPE 在10%的置信水平下呈现显著的正相关关系，也就是说，股权投资基金的参与对于中小企业板上市公司实际投资具有正效应。且由表7.6可知，两者回归的相关系数为0.02，表明股权投资基金的参与将使中小企业板上市公司的实际投资提高0.02，即2%。

同时从回归结果表7.6还可知，中小企业板上市公司实际投资 Invest 与公司成长性指标营业总收入增长率 Grow 在1%的置信水平下呈现显著的正相关关系，具体而言，公司营业总收入增长率越高，其实际投资越大。而根据回归结果，公司的实际投资 Invest 与现金流指标 FCF 并没有显示出显著的相关性。同时，公司实际投资 Invest 与公司总资产收益率 ROA 在10%的置信水平下显著正相关，且两者相关系数为0.10，说明当公司总资产收益率 ROA 增大1%时，公司实际投资增加0.1，即10%。

由上述回归结果，中小企业板上市公司实际投资 Invest 与 DPE 具有显著的正相关关系，说明相同条件下，有股权投资基金参与的中小企业板上市公司实际投资高于没有股权投资基金参与的公司，即股权投资基金对企业实际投资具有显著的正效应。这一研究结果反应了股权投资基金与公司运营及投资决策之间的关系，书中第五章的研究结论表明，股权投资基金与企业盈利能力之间存在显著的正相关关系，即股权投资基金对企业盈利能力具有显著的正效应。股权投资基金与企业投资决策之间显著的正相关关系，在某种程度上建立起了股权投资基金与公司绩效和企业盈利能力之间的一个桥梁。可以认为，股权投资基金的参与对公司治理以及企业投资行为决策产生影响，对其具有显著的正效应，进而影响企业的企业盈利能力和价值，表现为股权投资基金与企业盈利能力之间显著的正相关关系。

表 7.6　　变量对企业实际投资的相关系数及显著性检验

变量	系数	标准差	z 值
DPE	0.02	0.01	1.77* (0.076)
Grow	0.06	0.01	4.46*** (0.000)
FCF	−0.04	0.04	−1.20 (0.232)
ROA	0.10	0.00	1.68* (0.092)
Wald chi2 (4)	37.30		
Prob > chi2	0.0001		

注：括号里的数据为显著性概率；* 表示显著性为 0.1，*** 表示显著性为 0.01。

【5】 敏感性分析及检验

一些研究表明，债务融资的引入对企业投资行为有显著的影响和作用，因此，为了进一步检验研究结果的稳健性，首先，在方程（7.1）的基础上加入总资产负债率 DAR，如回归方程（7.2）回归结果如表 7.7 所示。

$$\text{Invest} = \alpha + \beta_1\text{DPE} + \beta_2\text{Grow} + \beta_3\text{FCF} + \beta_4\text{ROA}$$
$$+ \beta_5\text{DAR} + \sum_{k=1}^{6}\gamma_k\text{DIND}_k + e \tag{7.2}$$

回归结果如表 7.7 所示，与方程（7.1）回归结果一致，中小企业板上市公司实际投资 Invest 与 DPE 在 10% 的置信水平下呈现显著的正相关关系，即股权投资基金对企业实际投资具有显著的正效应。且两者回归的相关系数同样为 0.02，表明股权投资的参与将使中小企业板上市公司的实际投资提高 0.02，即 2%。

从表 7.7 中还可以看出，中小企业板上市公司实际投资 Invest 与公司成长性指标营业总收入增长率 Grow 在 1% 的置信水平下呈现显著的正相关关系，即公司营业总收入增长率越高，其实际投资越大，这也与方程（7.1）回归结果一致。方程（7.2）的回归结果显示，企业实际投资 Invest 与现金流指标 FCF、总资产收益率 ROA、总资产负债率 DAR 均不存在显著的相关关系。方程（7.2）的回归结果与方程（7.1）保持了较好的一致性，因此，可以认为方程（7.1）具有稳健性。

表 7.7　加入总资产负债率后变量对公司投资的相关系数及显著性检验

变量	系数	标准差	z 值
DPE	0.02	0.01	1.80* （0.072）
Grow	0.06	0.01	4.46*** （0.000）
FCF	−0.04	0.04	−1.13 （0.257）
ROA	0.09	0.00	1.40 （0.161）
DAR	−0.01	0.00	−0.44 （0.657）
Wald chi2 （4）	37.30		
Prob ＞ chi2	0.0001		

注：括号里的数据为显著性概率；* 表示显著性为 0.1，*** 表示显著性为 0.01。

接下来，将总资产收益率 ROA 替换为净资产收益率 ROE 进行检验。将方程（7.2）中的 ROA 替换为 ROE 进行回归，如回归方程（7.3），回归结果如表 7.8 所示。

$$\text{Invest} = \alpha + \beta_1 \text{DPE} + \beta_2 \text{Grow} + \beta_3 \text{FCF} + \beta_4 \text{ROE}$$

$$+ \beta_5 \text{DAR} + \sum_{k=1}^{6} \gamma_k \text{Dind}_k + e \qquad (7.3)$$

由表 7.8 可以看出，方程（7.3）的回归结果与方程（7.1）的回归结果基本保持一致，中小企业板上市公司实际投资 Invest 与 DPE 在 10% 的置信水平下呈现显著的正相关关系，也就是说，股权投资基金对公司实际投资具有显著的正效应。中小企业板上市公司实际投资 Invest 与公司成长性指标营业总收入增长率 Grow 在 1% 的置信水平下呈现显著的正相关关系，即公司营业总收入增长率越高，其实际投资越大。结果同时显示，公司的实际投资 Invest 与现金流指标 FCF、公司总资产负债率 DAR 均没有显示出显著的相关关系。同时，在 10% 的置信水平下，公司实际投资 Invest 与公司净资产收益率 ROE 具有显著的正相关关系，且两者相关系数为 0.04，说明当公司净资产收益率 ROE 增大 1% 时，公司实际投资增加 0.04，即 4%。以上结果均与方程（7.1）的结果一致。因此，可以认为方程（7.1）具有稳健性。

表7.8　将 ROA 替换为 ROE 后变量对公司投资的相关系数及显著性检验

变量	系数	标准差	z 值
DPE	0.02	0.01	1.78^*（0.075）
Grow	0.06	0.01	4.35^{***}（0.000）
FCF	-0.04	0.03	-1.04（0.297）
ROE	0.04	0.00	1.68^*（0.094）
DAR	-0.02	0.00	-0.83（0.408）
Profit	-0.00	0.00	-0.09（0.368）
Wald chi2（4）	36.46		
Prob > chi2	0.0001		

注：括号里的数据为显著性概率；* 表示显著性为 0.1，*** 表示显著性为 0.01。

最后，为了进一步剔除盈利性指标可能对结果产生的影响，在方程（7.2）中加入变量总利润增长率（Profit），如回归方程（7.4），回归结果见表 7.9。

$$\text{Invest} = \alpha + \beta_1 \text{DPE} + \beta_2 \text{Grow} + \beta_3 \text{FCF} + \beta_4 \text{ROA} + \beta_5 \text{DAR}$$

$$+ \beta_6 \text{Profit} + \sum_{k=1}^{6} \gamma_k \text{DIND}_k + e \tag{7.4}$$

表7.9　　加入总利润增长率后变量对公司投资的相关系数及显著性检验

变量	系数	标准差	z 值
DPE	0.02	0.01	1.79* (0.074)
Grow	0.06	0.01	4.54*** (0.000)
FCF	−0.04	0.04	−1.13 (0.260)
ROA	0.10	0.00	1.54 (0.124)
DAR	−0.01	0.00	−0.38 (0.703)
Wald chi2 (4)	37.99		
Prob > chi2	0.0002		

注：括号里的数据为显著性概率；*表示显著性为0.1，***表示显著性为0.01。

根据表7.9的回归结果可知，加入变量总利润增长率后，在10%的置信水平下，中小企业板上市公司实际投资Invest与DPE仍呈现显著的正相关关系，即股权投资基金对公司实际投资具有显著的正效应。同时，在1%的置信水平下，中小企业板上市公司实际投资Invest与公司成长性指标营业总收入增长率Grow呈现显著的正相关关系，即公司营业总收入增长率越高，公司的实际投资越大。公司的实际投资Invest与现金流指标FCF、公司总资产收益率ROA、公司总资产负债率DAR均没有显示出显著的相关关系。上述结果均与方程（7.1）结果保持了较好的一致性。于是，我们认为方程（7.1）具有稳健性。

3. PE对企业实际投资的作用

股权投资基金是一种新兴的投融资方式和工具，作为一种新的企业成长方式和一种新的市场力量，对促进科技、经济和社会发展发挥着重要的作用。股权投资基金以其特有的投资方式，为中小企业尤其是中小高科技企业的成长和发展开辟了新的融资渠道，不仅解决了风险企业融资问题，也为获得高额的投资回报提供了可能。获得资金的风险企业能不断增加研究与开发投资，带动科技投入和技术创新水平的上升。

由前面的分析可以看出，股权投资基金的参与和中小企业板上市公司实际投资具有显著的正相关性，这与前面部分得出的结论股权投资基金的参与和企业盈利能力具有显著正相关性在逻辑上具有一致性。股权投资基金的参与对公司运营具有积极的促进效应，对公司实际投资具有显著正效应，从而最终影响了公司价值，促进了企业盈利能力和公司绩效的提升。

第八章

股权投资基金案例

1. 携程旅行网

携程旅行网在线旅行服务公司（Ctrip. com International Ltd. ，以下简称携程）创立于 1999 年，总部设在中国上海，员工 12000 余人，目前公司已在北京、广州、深圳、成都、杭州、南京、厦门、重庆、青岛、沈阳、武汉、三亚、丽江、香港、南通设立分支机构，在南通设立服务联络中心。作为中国领先的综合性旅行服务公司，携程成功整合了高科技产业与传统旅行业，向超过 5000 万会员提供集酒店预订、机票预订、旅游度假、商旅管理、特约商户及旅游资讯在内的全方位旅行服务。携程从创立到 2003 年 12 月在美国纳斯达克成功上市，携程借助国际股权投资基金的力量实现了公司的跳跃式发展。

在发展过程中，携程陆续接受了三次股权投资，其中包括多家国内外知名的股权投资基金，如 IDG、软银中国、晨兴集团、兰馨亚洲、上实控股、凯雷集团等。

第一步：创建携程，吸引IDG第一笔投资 50 万美元

携程于 1999 年 5 月在上海成立，注册资本 200 万元人民币。梁建章和季琦各出 20 万元，各占 30% 股份；沈南鹏出资 60 万元，占 40% 股份。梁建章的背景是技术和咨询，沈南鹏有投资银行经历，季琦自己开办公司，团队中还需要一个熟悉旅游行业的人，于是公司成立一个月后，有旅游企业背景的范敏加入。

公司成立三个月后，在携程网站还没有正式推出的情况下，基于携程的商业模式和创业团队的价值，IDG 技术创业投资基金（IDGVC Partners，以下简称 IDG）凭借携程一份不到 10 页的简单的商业计划

书向其投入了第一笔风险资金 50 万美元。在携程之后进行的每轮融资中，IDG 都继续跟进。从 IDG 开始与携程洽谈投资到达成投资，仅仅用了一个月的时间。携程创立仅三四个月的时间，估值便被提到了 200 万美元，这已是三个月前创业资本的 8 倍多。

1999 年 10 月，携程旅行网正式开通；11 月，网上预订系统启动。2000 年 1 月，北京、广州分公司相继成立。

第二步：吸引软银等股权投资机构的第二轮投资 450 万美元

随着互联网的不断发展，电子商务逐渐成为股权投资基金追捧的对象，很多股权投资基金开始关注携程。软银中国、兰馨亚洲、晨兴集团、上实投资以及追加投资的 IDG 五家股权投资机构与携程签署了股份认购协议。携程以每股 1.0417 美元的价格，发售 432 万股"A 类可转可赎回优先股"（有投票权，IPO 时自动转为普通股）。其中，除 IDG 追加投资认购了 48 万股以外，软银认购 144 万股，兰馨亚洲认购 921600 股，Ecity 认购 96 万股，上海实业和一些个人股东认购 48 万股。本次融资共募得约 450 万美元，此时公司估值达到约 1600 万美金。

第三步：吸引凯雷等股权投资机构的第三轮投资 1000 万美元

2000 年 11 月，凯雷亚洲创投等股权投资机构与携程签署了股份认购协议，以每股 1.5667 美元的价格，认购了携程约 719 万股"B 类可转可赎回优先股"。其中凯雷亚洲创投认购约 510 万股，投资额约达 800 万美元，取得约 25% 的股权；而软银中国、IDG、上实投资、兰馨亚洲则分别增持约 64 万股、41 万股、83 万股、18 万股。至此，携程完成了第三次融资，获得了超过 1000 万美元的投资，此时，携程的估价已达 3000 多万美金。

第四步：吸引老虎基金，PRE - IPO 投资 1000 万美元

2003 年 9 月，携程的经营规模和赢利水平已经达到上市水平，此时取得了上市前最后一轮 1000 万美元的投资，携程以每股 4.5856 美元的价格向老虎基金发售 218 万股 "C 类可转可赎回优先股"。这笔投资全部用于原有股东包括凯雷、IDG、上实投资及沈南鹏、季琦等创始人的套现退出，携程以每股 4.5283 美元的价格赎回普通股和 A 类可转可赎回股票共约 122 万股，以每股 6.7924 美元价格赎回约 64 万股 B 类可转可赎回股票。老虎基金是美国著名的股权投资机构，能够获得老虎基金的投资，对于提升携程的国际知名度和认可度是大有裨益的。

第五步：登陆美国纳斯达克市场，股权投资完成增值

美国东部纽约时间 2003 年 12 月 9 日上午 10：45 分，携程旅行网（纳斯达克股票代码：CTRP）在美国 NASDAQ 正式挂牌交易。IPO 后，携程总股本 3040 万股，市值约 5.5 亿美元。上市当天，携程以 24.0l 美元开盘，最高冲至 37.35 美元，最终以 33.94 美元的收盘价结束当天的交易，收盘价相对发行价上涨 88.56%，成为美国资本市场 2000 年 10 月以来首日表现最好的 IPO。

1999 年，携程成立之初，注册资本是 200 万人民币，4 年后实现 IPO，当初的创业团队在携程所占的股权为 30% 左右，扣除创业团队以发行价出售的部分，梁建章等团队成员的身家总计在 1.5 亿美金以上，加上这五位高管出售的 2000 多万美元，合计超过 1.7 亿美元，折合人民币约 14 亿元。以此来计算，沈南鹏、梁建章的身家都在 3 亿以上。也就是说，短短四年时间，携程团队的资本增值 700 多倍。

在携程的发展过程中，参与投资的股权投资机构也都获得了高额的投资回报。携程上市后持股比例最大的股权投资机构是凯雷，持有 25.97% 的股份；在 PRE - IPO 阶段参与投资的老虎基金持有 8.11% 的股份；最早投资携程的 IDG，则持有 7.39% 的股份。携程的成功运

营和上市使先后投资携程的股权投资机构均获得了几倍甚至十几倍的高额回报。

表 8.1   股权投资机构投资携程情况

轮次	投资时间	股权投资机构	股权投资用途
第一轮投资	1999 年 10 月	IDG	启动携程初期运营
第二轮投资	2000 年 3 月	软银中国、兰馨亚洲、晨兴集团、上实投资、IDG	收购国内最早、最大的传统电话订房中心——北京"现代运通"
第三轮投资	2000 年 11 月	凯雷、软银中国、IDG、上实投资、兰馨亚洲	并购北京最大的呼叫中心——北京海岸航空服务公司，进入机票分销市场。
PRE - IPO 投资	2003 年 9 月	老虎基金	IPO 准备
退出	从 2004 年开始，股权投资机构相继退出		

2. 学而思教育

学而思教育集团（TAL Education Group，以下简称学而思）成立于 2003 年 8 月，主要从事中小学教育培训，所教科目涵盖小学奥数、英语、语文，初高中数学、物理、化学、英语、语文等中高考必考科目。目前，学而思在北京、上海、天津、广州、深圳等多个城市设立分支机构，拥有数千名专业教职员工，全国年培训约 50 万人次。学而思提供多种类型的教学和咨询服务，包括学而思培优小班、智康 1 对 1、学而思网校和摩比思维馆，所授课程涵盖幼教、小学、中学的文化课程，拥有幼教网、奥数网、中考网、高考网、英语网、作文网等多个网络平台。

学而思在发展过程中，引入两轮股权投资，在国际股权投资基金的支持下，仅仅用了 7 年的时间，学而思创造了北京市中小学教育培训的神话。2010 年 10 月 20 日，学而思教育正式登陆美国纽交所挂牌交易，成为国内首家在美国上市的中小学教育培训机构。

学而思发展历程

2003 年 8 月，学而思教育成立，旗下奥数网正式上线运营。

2007 年 9 月，进入家教市场。

2008 年 4 月，学而思获得 KTB 风险投资基金（以下简称 KTB 基金）首轮投资。KTB 基金成立于 1981 年，是韩国最大的股权投资机构之一，KTB 基金于 2001 年在北京设立办事处，开始投资中国市场，目前管理超过 100 亿美元的资金。获得 KTB 基金投资后，学而思进入多媒体教学领域，在天津建立首家分校。?

2008 年 6 月，学而思在上海、武汉分别建立分校。

2009 年 6 月，学而思在广州建立分校，开拓华南地区市场。

2009 年 2 月，学而思网校正式上线运营。

2010 年 5 月，学而思在深圳建立分校。

2010 年 9 月，学而思获得股权投资机构老虎基金和 KTB 基金合计 4000 万美元的第二轮投资。这是老虎基金继 2004 年投资新东方后，再次以较大投资规模与国内教育机构合作。学而思首轮投资人 KTB 基金本轮继续跟投。

2010 年 10 月 20 日，学而思在纽约证券交易所上市，股票代码 XRS。

上市情况和股权结构

学而思此次共发行了 1200 万股美国存托凭证①，发行价为每股 10 美元，学而思通过此次 IPO 首次公开招股募集到 1.2 亿美元。学而思

---

① 美国存托凭证，American Depository Receipts，简称 ADR，又称存券收据或存股证，是指在一国证券市场流通的代表外国公司有价证券的可转让凭证，这里的有价证券既可以是股票，也可以是债券。美国存托凭证（ADR）是面向美国投资者发行并在美国证券市场交易的存托凭证。

美国存托股票，American Depository Share，简称 ADS，是指根据存托协议发行的股份，代表发行企业在本土上市的股票。存托银行根据持有的 ADS 发行 ADR。ADS 是 ADR 所代表的实际的股票。

股价周三开盘价为 14 美元，盘中最高至 15.74 美元，至收盘时报收于 15 美元，较发行价上涨 50%。按发行价计算，学而思市值为 7.63 亿美元。

表 8.2　　　　　学而思上市前后股权结构情况①

股东	上市前持股（普通股）	比例（上市前,%）	上市后持股（普通股）	比例（上市后,%）
董事长兼 CEO 张邦鑫	59 550 000	47.60	59 550 000	40.00
总裁曹云东	20 300 000	16.20	20 300 000	13.60
老虎基金	21 875 000	17.50	23 475 000	15.80
KTB 基金	8 125 000	6.50	8 285 000	5.60
合计	109 850 000	88.00	111 610 000	69.00

注：学而思此次发行中，老虎基金购买了 80 万份 ADS（160 万股 A 类普通股）；KTB 基金购买了 8 万份 ADS（16 万股 A 类普通股）。1 份 ADS＝2 股 A 类普通股。

按照学而思发行价 10 美元/ADS 计算，老虎基金可获得约 1.09 亿美元回报，投资回报率为 2.125 倍；KTB 基金可获得约 4062.5 万美元，投资回报率为 3.06 倍。

3. 李宁有限公司

1988 年汉城奥运会后，"体操王子"李宁退役，加盟健力宝集团；1989 年，李宁开始筹备李宁公司的业务；1990 年 4 月，注册"李宁牌"商标；同年 5 月，李宁公司宣布成立，开创了中国体育用品品牌经营的先河。2003 年 1 月，李宁公司获得股权投资机构新加坡政府直接投资有限公司（Government of Singapore Investment Corp，以

---

① 资料来源：www.investide.cn（投资潮）。

下简称新加坡投资）和鼎晖投资（CDH Investment）的资金支持，私募融资 1850 万美元，使李宁公司的业绩跃上了新的台阶。2004 年 6 月 28 日，李宁公司在香港上市。

李宁公司的发展历程可分为五个阶段。

第一阶段（1990～1997 年）——创立发展阶段

1990 年 4 月，注册"李宁牌"商标；同年 5 月，李宁公司宣布成立，开始从事"李宁牌"运动服装的生产经营；1991 年，李宁公司开始全面经营李宁牌运动服装、运动鞋；1993 年，李宁公司率先在全国建立特许专卖营销体系；1997 年，李宁公司在全国建立起自营分销网络。此时，李宁公司已经成为中国体育用品行业的领跑者。

第二阶段（1997～2001 年）——企业整合阶段

1997 年 8 月，李宁体育（上海）有限公司（以下简称上海李宁）成立，注册资本为 50 万元人民币。1997 年 12 月，上海李宁将注册资本增至 2600 万元人民币。随着企业的不断发展，李宁在全国各地开办十几家企业，业务不断扩张的同时，也出现了结构混乱的问题。在资本运作专家的设计下，李宁将北京、广东、烟台三家公司合并为李宁体育用品集团公司，全国各地的其他公司相继整合到这个核心企业中，初步实现集团结构的明晰。

第三阶段（2001～2002 年）——由内资企业改为外商独资企业

2001 年，上海李宁原计划由有限责任公司转为股份有限公司。根据当时《公司法》，股份有限公司必须有不少于 5 名发起人。2001 年 10 月，上海李宁部分股东互相转让股权，将上海李宁股东数目由 2 名增至 6 名。

出于融资和预期在境外上市等方面的考虑，上海李宁开始由内资企业改为外商独资企业。2002 年 10 月，Real Sports 公司在维京群岛注册成立。2002 年 10 月 29 日，Real Sports 公司与上海李宁达成协议，以 600 万美元的价格向上海李宁的股东收购上海李宁发行的全部股本。2002 年 12 月 11 日，上海李宁由内资有限责任公司改为外商独资企业，注册资本为 800 万美元，而投资总额为 2000 万美元。

第四阶段（2003~2004 年）——引入股权投资基金

2003 年 1 月，股权投资机构新加坡投资和鼎晖投资分别出资1500 万美元和 350 万美元认购 Real Sports 的新股份，分别获得19.97% 和4.66% 的股权[①]。事实上，在正式投资之前，两家股权投资机构就开始关注李宁公司，并与李宁公司进行积极沟通。新加坡投资和鼎晖投资加入后，帮助企业进一步完善公司治理结构，进行战略指导，Real Sports 公司财务表现优异，公司价值有明显的提升。

第五阶段——IPO 上市，股权投资实现资本增值

2004 年 6 月 28 日，李宁有限公司在香港联交主板成功上市（股票编号：2331），这是第一家内地体育用品公司在香港上市。李宁公司股票受到资本市场的追捧。上市当天，新加坡投资和鼎晖投资分别持有 1.9965 亿、4659 万股份，以交易价 3.675 港元计算，市值合计高达9 亿元港币，是当年入股的1850 万美元的 6 倍多。上市后，李宁的股价一路高走，最高曾达到将近 32 港元。如果按此价格计算，新加坡投资和鼎晖投资的合计高达78.8 亿元港币，是当年入股的1850万美元的 55 倍[②]。在李宁公司获得巨大成功的同时，参与投资的两家股权投资机构也获得了丰厚的投资回报。

[①] 数据来源：清科 Zdatabase 数据库。
[②] "李宁公司的融资之路"，《国际融资》，2009 年第 5 期。

4. 无锡尚德太阳能电力有限公司

无锡尚德太阳能电力有限公司（以下简称无锡尚德）由海归博士施正荣于 2001 年 1 月创立。无锡尚德是一家拥有领先光伏技术的国际化高科技企业，专业从事太阳能光伏产品的研发、制造、销售和售后服务，提供全世界最可靠和经济高效的太阳能系统解决方案。自创立至今，短短数年时间，无锡尚德已快速成长为全球最大的晶硅组件制造商。从离网系统到住宅屋顶，从商业应用到大型太阳能电站，无锡尚德为各类客户和各地市场提供清洁能源。

在无锡尚德的发展过程中，股权投资发挥了重要的作用。公司成立之初，无锡高新技术风险投资股份有限公司等企业为无锡尚德提供了企业发展初期需要的资金支持。在无锡尚德发展初具规模、扩张产能时，国际著名股权机构高盛、龙科创投、英联投资、法国 Natexis、西班牙普凯等向无锡尚德投资 8000 万美元，在资本的推动下，无锡尚德实现了跨越式发展。

2005 年 12 月 14 日，无锡尚德在美国纽约证券交易所挂牌（NYSE：STP），当日收盘价 21.2 美元较 IPO 发行价 15 美元上涨了 41%。无锡尚德此次发行共出售 2638 万股，融资近 4 亿美元，以当日收盘价计算的市值达到了 30.67 亿美元，持有公司 46.8% 股份的公司第一大股东、创始人施正荣的身家超过 14 亿美元，持有股份的股权投资机构自然也获得了丰厚的投资收益。

无锡尚德的资本市场历程如下。

创立发展阶段

公司创立时，施正荣以 40 万美元现金和 160 万美元的技术入股，占 25% 的股权，通过他个人全资拥有的澳大利亚公司 PSS（Power Solar System Pty. Ltd.）间接持有，无锡高新技术投资公司、无锡市创业投资公司等国企出资 600 万美元，占有 75% 股权。

2002 年 9 月，无锡尚德第一条封装线正式投产，年生产能力达到 10 兆瓦。此后，公司相继通过了 CE、TUV、UL 等国外权威机构的认证，打开了进入国际市场的大门。无锡尚德制定的发展战略是先开拓国际市场，然后用国际市场带动国内市场，施正荣利用他的海外背景和优势往返于国际各大展销会推广公司产品，不断开拓市场。无锡尚德依靠产品和成本优势，迅速赢得了国际市场，同时，无锡尚德产品的国内销售比例也在不断攀升。三年后，无锡尚德的年生产能力已由开始时的 10 兆瓦提高到 120 兆瓦。三年时间，无锡尚德产能扩张了 12 倍，成为中国最大、世界领先的光伏电池制造商。

借助过桥贷款[①]，收购国有股权

为了便于海外上市，2005 年 1 月，尚德 BVI 公司（Power Solar System Co., Ltd., 以下简称尚德 BVI）成立，开始对无锡尚德进行私有化。借助百万电力公司（Million Power Finance Ltd., 以下简称百万电力）提供的 6700 万港元过桥贷款为收购保证金，尚德 BVI 开始协议收购无锡尚德的国有股权。2005 年 5 月交易基本完成时，无锡尚德的国有股东获得了十多倍的回报率。

施正荣和百万电力在尚德 BVI 成立前签订了《过桥贷款协议》。

[①] 过桥贷款（bridge loan）又称搭桥贷款，是指金融机构 A 拿到贷款项目之后，本身由于暂时缺乏资金没有能力运作，于是找金融机构 B 商量，让它帮忙已放资金，等 A 金融机构资金到位后，B 退出。这笔贷款对于 B 来说，就是所谓的过桥贷款。在我们国家，扮演金融机构 A 角色的主要是国开行、进出口行、农发行等政策性银行，扮演金融机构 B 角色的主要是商业银行。

过桥贷款在国外通常是指中介机构在安排较为复杂的中长期贷款前，为满足其服务公司正常运营的资金需要而提供的短期融资。对我国证券公司来说，过桥贷款是专指由承销商推荐并提供担保，由银行向预上市公司或上市公司提供的流动资金贷款，也就是说，预上市公司发行新股或上市公司配股、增发的方案已得到国家有关证券监管部门批准，因募集资金尚不到位，为解决临时性的正常资金需要向银行申请并由具有法人资格的承销商提供担保的流动资金贷款。此外，过桥贷款还可以用于满足并购方实施并购前的短期融资需求。

根据协议，百万电力向尚德 BVI 提供 6700 万港元的过桥贷款，作为尚德 BVI 收购无锡尚德国有股权的保证金。协议约定，百万电力对尚德 BVI 的债权可以转换成在尚德 BVI 的股权。转换分为两步进行：第一步，当时无锡尚德股权结构为国有股权占 68.611％，施正荣全资持有的 PSS 占 31.389％，约定当尚德 BVI 收购无锡尚德全部国有股权后，百万电力在尚德 BVI 的股权比例可以保持在 40％不变。这笔贷款在会计处理上由尚德 BVI 对百万电力的负债改记为百万电力对尚德 BVI 的出资，即债转股；第二步，约定当尚德 BVI 从 PSS 收购无锡尚德其余 31.389％的股份，即尚德 BVI100％控股无锡尚德后，百万电力持有尚德 BVI25％的股份，施正荣持有其 75％的股份。

引入股权投资基金，实现跨越发展

有了百万电力提供的过桥贷款作为保证金，施正荣就可以与国有股东签订股权收购的意向协议了，有了意向协议，施正荣开始与海外股权投资机构谈判，引入股权投资。基于尚德 BVI 的商业模式和核心竞争力，尚德 BVI 获得国际著名股权机构高盛、龙科创投、英联投资、法国 Natexis、西班牙普凯等投资 8000 万美元，占尚德 BVI 27.8％的股份。此时，尚德 BVI 的估值达到 2.87 亿美元。

股权投资机构持有的股权为 A 类优先股，约定具有以下权益。

①定期分红权。每股优先股每年可收取红利为初始发行价格的 5％，而普通股只有在 A 类优先股股利支付后才有权获得分红。

②换股权。在公司 IPO 后，每股 A 系列优先股可自动转换为一股普通股，公司需保证 IPO 前的公司估值不低于 5 亿美元，公司通过 IPO 募集的资金不低于 1 亿美元。

③赎回权。如果发行 A 系列优先股满 37 个月，或者不低于 2/3 的优先股股东要求公司赎回全部已发行的优先股，则 A 类优先股股东可以在任意时间要求赎回，赎回时的赎回价格应为初始发行价的 115％。

④清算优先权。如果公司发生清算、解散、业务终止，A 类优先股享有优先权，优于公司普通股股东接受公司资产或盈余资金的分配，接受金额为 A 类优先股初始发行价的 115% 加上截至清算日全部已宣布未分配红利；如果全部资产不足 A 类优先股初始发行价的 115%，则全部资产按比例在 A 系列优先股东之间分配。

同时，尚德 BVI 引入股权投资基金时，双方签订"对赌协议"。双方约定，尚德 BVI 截至 2005 年末，经四大会计师事务所审计的、按照美国 GAAP 会计准则进行编制的合并财务报表中，合并税后净利润不得低于 4500 万美元。假如低于 4500 万美元，则换股权的转股比例（每股 A 系列优先股/可转换成的普通股数量）需要乘以公司新估值与原估值之比，公司原估值为 2.87 亿美元，约定之估值为 2005 年的实际净利润乘以 6，即 6 倍市盈率。

显然，这样的对赌协议能够在很大程度上保障股权投资机构的利益，但施正荣也在协议中为自己的控制权设置了保障条款。双方约定，无论换股比例如何调整，外资机构的股权比例都不能超过公司股本的 40%。同时，公司管理层和核心成员获得了一定的公司股票期权。

尚德控股与尚德 BVI 换股[①]，上市前准备

由于希望在美国上市，2005 年 8 月，施正荣在开曼群岛注册成立尚德太阳能控股公司（以下简称尚德控股），随后，尚德控股和尚德 BVI 的全体股东共同签订了换股协议。根据协议，尚德控股向尚德 BVI 现有的 16 家股东发行股票作为代价，交换这些股东所持有的尚德

---

① 换股并购，即并购公司将目标的股权按一定比例换成本公司的股权，目标公司被终止，或成为并购公司的子公司，视具体情况可分为增资换股、库存股换股、母子公司交叉换股等。换股并购对于目标公司股东而言，可以推迟收益时间，达到合理避税或延迟交税的目标，亦可分享并购公司价值增值的好处。对并购方而言，即使其负于即付现金的压力，也不会挤占营运资金，比现金支付成本要小许多。

BVI 全部股份。换股后，尚德控股将持有尚德 BVI100% 股份，而尚德 BVI 的 16 家股东将拥有尚德控股 100% 的股权。也就是说，尚德控股其实完全复制了尚德 BVI 的股权结构，作为即将在美国上市的主体。

纽交所挂牌上市，完成财富增值

2005 年 12 月 14 日尚德控股在美国纽约证券交易所挂牌（NYSE：STP），以当日收盘价计算，施正荣的身家超过 14 亿美元，当日即跻身中国百富榜前五名。无锡尚德从 2001 年创立到登陆美国纽约证券交易所，仅仅用了四年的时间。以十多项专利和一份商业计划书为起点，人才和资本一次又一次完美地结合，四年后实现了上市，当日募集 4 亿美元的资金，完成财富增值的同时，为企业实现裂变式的成长奠定了雄厚的资本基础。

5. 好想你枣业

好想你枣业股份有限公司（以下简称好想你枣业）是国内红枣行业规模最大、技术最先进、产品种类最多、销售网络覆盖最全的企业，其前身源自 1997 年成立的河南省新郑奥星实业有限公司。2008 年 9 月，深圳市创新投资集团、郑州百瑞创新资本、北京秉原创投与河南省新郑奥星实业有限公司展开全面合作，2009 年 8 月 18 日好想你枣业股份有限公司由河南省新郑奥星实业有限公司整体变更而来，2011 年 5 月 20 日在深交所中小板成功挂牌上市，成为中国枣业第一股。

好想你枣业不断进行全面创新，推动企业发展。现已发展成为拥有 6 家全资子公司和 1 家非控股子公司的大型企业集团，目前在河南、河北、新疆的红枣主产区建设有原料采购、生产加工基地，在郑州和北京成立 2 家销售子公司，产业链延伸至种苗培育、红枣种植、红枣加工、销售、特色旅游等与红枣相关的广泛领域。目前好想你枣业正涉足木本粮行业，大力开发前景更广阔的木本粮产品。

好想你枣业创立发展

好想你枣业前身为郑州市新郑县奥星食品厂，成立于 1992 年，注册资本为 80 万元，为集体所有制企业。1997 年 9 月，奥星食品厂注销，解除与镇经委的挂靠关系并改制为奥星实业，成立奥星实业有限公司。2009 年 8 月奥星实业整体变更为好想你枣业股份有限公司，股份公司改制完成。

从成立伊始，好想你枣业就专注枣类产品，但是由于行业门槛较低，竞争激烈，要想谋求自身发展，争取更大的市场份额，资金支持是重要的因素之一。好想你枣业在发展的过程中除了获得政府大力支持，还引入股权投资，获得资金支持，完善公司治理结构，帮助企业实现了快速的发展。

引入股权投资机构

好想你枣业的商业模式、市场影响也逐步引起了股权投资机构的关注。

2008 年初，郑州百瑞创新资本投资管理公司（以下简称百瑞创投）和好想你枣业签署合作协议，百瑞创投计划对好想你枣业现金入股。百瑞创投看中好想你枣业的行业地位和品牌资源，专门组建了好想你投资项目调研组，就好想你枣业的经营状况、技术优势、管理团队和投资环境进行了近一年时间的调查研究，最终达成投资协议。除了百瑞创投外，还有两家股权投资机构深圳市创新投资集团有限公司（以下简称深创投）和上海秉原秉鸿股权投资管理有限公司（以下简称秉原创投）也对好想你枣业进行了投资。2008 年 9 月，百瑞创投向好想你枣业投资 2000 万，深创投投资 2000 万，秉原创投投资 500 万，三家股权投资机构分别持股 6.07%、6.07%、1.52%。

三家参与好想你枣业投资的股权投资机构中，深创投和百瑞创投具有一定关联。深创投持有百瑞创投 40% 的股份，是百瑞创投的大股东。深创投和百瑞创投作为两家股权投资机构投入好想你枣业，但实际具有一支共同的投资团队。百瑞创投成立于 2007 年 7 月 10 日，注册资金 1 亿元，公司和好想你枣业签约投资共 6000 万，其中一期投资 2000 万，占好想你枣业 6.07% 的股份。

股权投资机构在为好想你提供充足的资金支持的同时，还为好想你枣业提供了很多增值服务，包括帮助好想你枣业设计有效的风险控制机制，协助完善公司治理结构，以及建立发展战略和风险管理等。

深交所上市，成为中国枣业第一股

2011 年 5 月 20 日，好想你枣业（002582）登陆深交所中小企业板挂牌交易，发行价格为 46.00 元/股，发行市盈率 39.66 倍。2008 年百瑞创投、深创投与秉原创投三家股权投资机构分别以 2000 万、2000 万、500 万元投资入股好想你枣业，发行前三家机构分别持有 335 万股、335 万股、83.8 万股，合计每股 5.97 元。不到三年的时间，好想你枣业实现了 IPO 上市，三家股权投资机构三年的投资收益约达到 7 倍之高[1]。

好想你枣业缘何成功

①采用加盟连锁发展模式

连锁专卖店是好想你枣业公司实现销售的主要模式，好想你枣业

---

[1] 中国风险投资网：http://www.vcinchina.com/c/28/14940.html。

非常重视连锁专卖店渠道建设，采取有效措施，加强市场管理、提升市场服务，将销售市场按销售区域划分为四个大区，由大区经理分别负责，实行以业绩考核为核心的竞争激励制度。有效覆盖终端市场的渠道布局，是快速消费品企业价值创造的关键环节，通过加盟连锁发展模式，好想你枣业在大幅降低营业费用支出的同时，也大大减轻了开设自营店带来的资金压力，同时快速地占领了市场。

②开发自建原料基地，提升原料保障能力

由于枣类产品属于中低端消费品，品牌溢价不高，市场竞争激烈，难于通过提价实现利润的较大增加，营业成本占营业收入的比例较高。2008 ~ 2010 年，好想你枣业综合毛利率分别为 23.68%、24.06% 和 26.59%。在营业成本的构成中，原材料占比最高，所以红枣价格是影响公司利润率的首要因素①。为了有效控制原料成本，好想你枣业开发自建原料基地，提升公司高品质原料供给的保障能力，优化公司产业链。

③积极创新，不断拓展销售模式

好想你枣业的销售渠道包括专卖店、商超、流通、电子商务和出口，多个销售渠道发展，扩张市场份额，不断增加新的利润增长点。多种销售模式的创新和发展，对公司产品结构调整以及公司持续发展具有积极作用。

④注重品牌建设

由于枣类产品属于中低端消费品，进入门槛不高，所以品牌价值就显得更加重要。好想你枣业以红枣文化提升产品附加值，并提升好想你品牌价值。好想你枣业筹建了全国首家红枣博览中心，宣扬红枣健康文化、喜庆文化和感恩文化。好想你枣业还开展了一系列活动推广品牌和产品，打造自身的中高端品牌形象，2010 年 10 月 8 日，红枣品牌"好想你"被国家工商总局商标局最终认定为"中国驰名商标"，大大提升了好想你枣业的品牌知名度和市场认可度。随着品牌

---

① 新财富：http://www.xcf.cn/newfortune/cy/201108/t20110816_ 241768. htm。

的不断建设，好想你枣业的销售规模不断提升。

⑤注重企业培训，重视客户服务

好想你枣业通过召集连锁店店长、店员到公司实地考察、培训以及培训小组到全国市场巡回培训等形式，让企业员工了解企业文化、产品知识、店面管理和销售技巧等内容。同时，好想你枣业注重客户服务和客户关系维护，建立了多层次的客户服务保障体系。通过制定标准化的服务流程，提升服务标准和服务水平，保证企业形象的一致性，对于客户的投诉、意见和建议也建立了处理及反馈机制。

⑥成功引入股权投资机构，逐步走入资本市场

好想你枣业在发展过程中，积极引入深创投、百瑞创投、秉原创投三家股权投资机构。在提供资金支持的同时，参与投资的股权投资机构利用其资源和优势为好想你枣业提供了多方面的增值服务，帮助好想你枣业完善财务制度，改善公司治理结构，制定清晰的发展模式和战略规划，登上资本市场的舞台，实现 IPO 上市，谋求更大的发展。

基于以上原因，好想你枣业取得了成功。好想你枣业实现了采购、生产、销售渠道的产业一体化经营，注重品牌建设和客户服务，并适时引入股权投资机构，借助资本不断扩充市场份额。最终，好想你枣业的模式获得了资本市场的垂青，成为"史上最红 IPO"的枣业第一股。

6. 网宿科技

上海网宿科技股份有限公司（以下简称网宿科技）创立于2008年6月，其前身是创始于 2000 年的上海网宿科技发展有限公司。网

宿科技是一家知识和技术密集型的高新技术企业，为客户提供全方位的互联网业务平台解决方案及服务，主营产品为 CDN 服务及 IDC 服务。IDC 服务主要是为客户提供服务器托管与互联网接入服务，为客户网站提供良好的机房环境及网络环境；CDN 服务则是为客户网站内容提供分发加速服务，提高客户网站访问速度，提升最终用户的访问体验。IDC 服务及 CDN 服务构成了网宿科技互联网业务平台服务的核心。

网宿科技是国内领先的互联网业务平台服务提供商，拥有多项国内领先的互联网业务平台服务核心技术。网宿科技在全国拥有北京、上海、广州、深圳等 4 个营销分公司以及位于厦门的研发中心，员工总数超过 500 人。客户群主要包括各类互联网门户网站、网络游戏运营商、电子商务网站、即时通讯网站、音视频网站、博客/播客论坛类网站、政府以及企业网站等，目前公司服务的客户近 2000 家，是市场同类公司中拥有客户数量最多、行业覆盖面最广的公司之一。

三轮融资到成功上市

2007 年 5 月，深圳创新资本、达晨财信、深创投、康沃资本创投分别以 1600 万元、1000 万元、400 万元、300 万元对网宿科技进行投资。

2008 年 11 月，达晨创投作为牵头投资人联合北京德诚盛景、深圳创东方等机构对网宿科技进行了总额 4000 万元的第二轮投资。

2009 年 6 月，网宿科技获得联盛创投 1420 万元的投资。

2009 年 10 月 30 日，网宿科技（300017）在深圳创业板挂牌上市。网宿科技以 24 元的价格发行，上市首日以 44.90 元的价格收盘，较发行价上涨 87.1%。

从网宿科技董事长刘成彦 2001 年 4 月第一次以 30 万元获得网宿科技的 3% 股权算起，到 2009 年上市，如果以上市首日收盘价 44.90 元计算，当初的 30 万元已是 1158 万元，增长 37 倍之多。以上市首日收盘价计算，总裁彭清更是跻身亿万富豪的行列，身家达到 1.13 亿元。参与网宿科技投资的股权投资机构同样也是赚得盆满钵满，若以发行价计算，2007 年入股的深圳创新资本、达晨财信、深创投、康沃资本等股权投资机构的账面回报率达到 4.5 倍，年化收益率达到 188%。2008 年第二轮入股的达晨创投、德诚盛景、深圳创东方等股权投资机构的账面回报率达到 2.43 倍，年化收益率达到 224%[①]。

成功的主要原因

①领先的行业地位及广阔的市场前景

网宿科技是中国最大的 IDC/CDN 服务提供商之一，拥有信息产业部颁发的跨省市经营增值电信业务（IDC、ISP）经营许可证，主要向国内外用户提供包括主机托管、内容分发（CDN）、主机租用、专线接入等方面的专业服务。网宿科技 CDN 及 IDC 业务的市场占有率居市场前列，具有领先的行业地位。

随着中国互联网用户和网站数量的快速增长，网络游戏、网络视频等网络应用的快速普及，互联网内容日益丰富，加之最终用户对应用体验效果的要求也在日益提高，各互联网企业、传统行业用户、政府部门对网站快速分发功能的需求进一步加剧，促使 CDN 服务迅速崛起。而相对于美国、韩国、日本等国 CDN 超过 80% 的市场普及率，中国 CDN 市场普及率非常低，目前只有不到 10% 的互联网企业和网站接受 CDN 服务，市场空间巨大。

②优秀的管理团队

在网宿科技核心管理团队中，董事长刘成彦拥有长期的互联网行业经验，20 世纪 90 年代中期就开始做互联网，十分熟悉中国行业市场情况。总裁彭清是创业投资行业出身，资本运作和企业管理经验丰富。副董事长兼首席技术官洪珂来自美国硅谷，具有很强的技术背景

---

① 　成思危主编：《中国风险投资年鉴》，民主与建设出版社 2010 年版。

和国际视野。他们的组合，将技术、市场、管理结合到一起，组成了优秀的管理团队。

③良好的商业模式

网宿科技的商业模式整合了电信运营商的资源，整合了硬件和软件，在全国形成一个由 88 个节点组成的大平台，互联网上的内容通过这些节点，分发到全国各地。网宿科技按带宽和流量从客户那里收费，每个月都能收到现金流。作为一家轻资产的技术服务性企业，网宿科技的商业模式清晰且持久。而且，现金流也是证监会在审批公司上市申请时特别关注的一个财务指标。

④借助 PE 的力量发展壮大

网宿科技在发展过程中，及时借助 PE 的力量发展壮大。在发展的各个阶段，不失时机地成功引入数家股权投资机构，成功解决了企业发展中急需的资金问题。在企业急需资金推进新一代技术的商用，加快节点建设和行业推广时，于 2007 年 5 月引入深圳创新资本、达晨财信、深创投、康沃资本创投的投资；在美国次贷危机引致的全球性金融危机让许多互联网企业进入经济寒冬时，于 2008 年 11 月再次成功引入达晨创投、德诚盛景、深圳创东方的投资；在上市前，再次获得联盛创投的投资。三轮融资的成功，使企业在获得资金支持的同时，也获得了股权投资机构的增值服务。

第九章

股权投资基金的展望

- ● 1　政府推动股权投资行业的健康发展
- ● 2　构建多层次资本市场体系，建立完善的股权投资退出机制
- ● 3　注重团队建设，培养高水平的股权投资人才

股权投资基金对企业，尤其是中小高科技企业有着积极的作用，股权投资基金将资金投入目标企业，为企业提供资金支持和增值服务，帮助企业较快地发展壮大，通过企业运营实现了资本增值和价值创造。

股权投资基金作为一种以高成长性企业为投资对象的权益型资本，在推动企业发展和技术创新，乃至推动经济高速发展和社会进步等方面都起着重要的作用。正因为股权投资行业有着如此重要的意义，股权投资行业的发展方向更应该被我们所关心和重视。作者认为，股权投资行业发展的重中之重，是政府的推动、资本市场体系的完善以及股权投资人才的培养。

1. 政府推动股权投资行业的健康发展

股权投资是市场行为而非政府行为，但由于股权投资的高风险、高收益特性，以及运行过程中的信息不对称性，因此股权投资行业的健康发展离不开政府的引导和政策扶持。事实上，大部分股权投资基金的主要投资对象是中小企业和民营企业，而真正要刺激中国经济的发展，很大程度上依赖于这些企业的发展，政府通过对股权投资行业的支持，推动该行业的健康发展，实现"国进民进"，从而推动我国经济的快速发展和社会进步。

首先，成立政府引导基金，支持组建基金的基金（Fund of

Funds，FOF)，并提供配套政策支持。政府引导基金是由政府设立并按照市场化方式运作的政策性基金，主要通过扶持创业初期中小企业的发展，引导社会资金进入股权投资领域①。政府引导基金不仅能将政府资源整合到经济的创造中来，还能有效地带动市场资源。通过建立分层次的政府引导基金支持高科技创业企业发展，国家级的政府引导基金侧重国际化水平的高端技术创业项目，省市级的政府引导基金在参与国家支持创业项目外，更多地关注本地区的优秀高科技创业项目，从而形成多层次的创新和创业金融支持体系。

其次，扩大股权投资基金包括政府引导基金的资金来源，允许包括养老基金、社保基金在内的机构投资者涉足股权投资行业。随着中国经济的迅速发展，商业银行、保险公司、社保基金等都积累了大量的资金，民间资本也成为一股巨大的力量，将这些资金引导进入股权投资领域，既能有效地缓解股市流动性过剩和房地产市场过热的问题，又能很好地促进我国自主创新战略的加速实现。事实上，在美国等发达国家，股权投资基金的主要资金来源就是养老金等，我国也应通过机构投资者的参与增加股权投资行业资金供给的渠道。

另外，本书前面提到，股权投资基金在融资和投资两个过程中均面临着信息不对称的问题。在融资过程中，投资者相对于股权投资家处于信息劣势；在投资过程中，股权投资家相对于企业家处于信息劣势，处于信息优势的一方可能为了追求自身利益最大化隐瞒信息，从而损害对方利益。因此，政府应建立完善的个人企业信息监督和评价体系，建立失信惩治机制，增加违约成本，使信用好的股权投资家更容易在资本市场中募集资金，信用好的企业家更容易获得股权投资基金的支持，从而确保股权投资市场的正当竞争行为和优胜劣汰机制发挥作用。

最后，应充分发挥政府部门的监管职能，以及发挥股权投资协会

①　曹珺，"我国政府引导基金存在的主要风险及成因分析"，《经济研究参考》，2011年第 30 期。

的自律监督职能，并使两者实现有效地结合，对股权投资项目进行备案登记，跟踪记录，建立健全完善的监督机制，从而保证股权投资行业的健康发展。

2. 构建多层次资本市场体系，建立完善的股权投资退出机制

股权投资基金募集资金后，通过考察、筛选，将资金投入目标企业中，为企业提供发展所需要的资金支持，并利用自己的资源和经验提供增值服务，帮助企业实现较快发展，实现价值增值，股权投资基金和投资者分享价值增值带来的部分收益。股权投资基金在被投资企业发展相对成熟后通过退出实现其价值，退出的过程依赖资本市场，发达的、多层次的资本市场能够为股权投资基金的退出提供更多选择，从而使股权投资基金能够顺利退出，实现价值。股权投资基金将资金投入企业，当企业实现价值增值后通过退出获得收益，再将资金投入新的企业和项目。股权投资基金作为一种资本运作方式，以获得资本增值收益为目的，因此退出机制是股权投资的重要环节，如果没有通畅的退出机制，股权投资家投入创业企业的投资增值就难以兑现。只有建立了通畅的退出机制，在被投资企业实现价值增值后，股权投资家才能顺利退出，从而实现其价值，股权投资行业才能健康地发展。

一方面，加强主板市场，不断完善我国A股市场的运行机制，改善A股市场的发行审批制度、对中小股东的保护机制以及企业上市后股权投资基金的退出安排等，从而使更多高质量的公司实现上市，在资本市场中获得更大发展，股权投资基金顺利地实现退出，获得收益。

同时，发展并完善中小企业板市场和创业板市场，与主板市场相比，中小企业板市场和创业板市场对上市企业的要求相对较低，因此为很多未达到主板上市条件的企业提供了直接融资的平台，缓解了中小企业直接融资的压力，也成为了股权投资基金退出的重要渠道。当然，与主板市场上市公司相比，中小企业板和创业板上市公司通常规模较小、业绩波动较大，存在着较大的风险，因此，在大力发展的同时，要不断完善发行标准、制度设计、估值水平、监管机制等，并建立严密的风险控制制度。股权投资基金向创业企业进行投资，帮助创业企业发展壮大，达到一定规模和条件后，通过中小企业板市场和创业板市场实现退出，将所投的资金由股权形态转化为资金形态，实现其价值。

另外，应大力发展产权交易所，逐渐形成除 IPO 退出之外另一个重要的股权投资退出渠道。我国 IPO 审批程度较为复杂，周期较长，条件也较高，而排队上市的企业又很多，因此，很多股权投资基金参与的企业可能短期内无法达到 IPO 的要求和条件。而产权交易所可以成为股权投资基金退出的一个渠道，创业企业和项目在产权交易所挂牌，通过拍卖等形式实现产权交易，股权投资机构可以在这个平台上发现项目，以及通过这个平台上退出，从而得到价值的实现。目前，我国已经建立了北京产权交易所、上海产权交易所、广州产权交易所等若干个区域性产权交易所，随着这些产权交易所的成立和运营，产权交易的市场化程度有了明显的提高。但是，由于产权交易所过于分散，各自为政，相互之间资源几乎是完全割裂的，无法实现最优化的资源配置。因此，应建立全国性产权交易市场，制定统一的信息披露制度、交易标准和细则、项目推介流程和监管机制等，实现信息共享，吸引各类资本参与到产权交易市场中来①。

---

① 黄超惠："产权市场——风险投资退出的主渠道"，《产权导刊》，2007 年第 9 期。

3. 注重团队建设，培养高水平的
股权投资人才

股权投资行业是"融资"与"融智"的有效结合，股权投资基金不仅为被投资企业提供充足的资金支持，还利用其资源和优势为企业提供多方面的增值服务，根据被投资企业的具体情况，提供管理和运营上的支持，帮助企业把握市场动态，寻找发展机会，开拓市场并寻找商业合作伙伴，实现资源的有效整合，提升企业的经营管理水平和运营效率。因此，股权投资行业的存在和发展需要一大批高水平、高素质的从业人员。股权投资人才的业务能力和经验对选择投资企业以及被投资企业的运营管理有着重要的影响，更是决定股权投资能否取得成功的重要条件。他们不仅要具备项目筛选能力、资本运作能力和企业管理能力，还要具备很强的商业敏感性和对市场的判断把控能力。我国股权投资行业近几年来迅速发展，很多人都参与到这个行业中，但是其中真正具备高水平业务能力的人才还是非常缺乏的。

我国要推动股权投资行业的健康发展，首先应建立起一个完善的人才教育培养体系，培养经济、金融、管理、科技等领域的优秀人才。一方面，国内高等院校设置相关专业和课程培养出具有充足理论知识的专业人才；另一方面，从现有的具有丰富实践经验的金融行业的精英，以及有实业经验的企业家等专业人才着手，建立一支合格的股权投资基金专业人才队伍。因为对一个项目投资决策的分析判断，以及一个投资项目的运作能否取得成功，获得收益，不仅与这些专业人员的金融知识密切相关，更重要的是这些专业人员对投资项目所在行业的认识、对企业核心竞争力和商业模式的分析、对项目前景的判断、企业管理能力以及对市场的判断把控能力。而这些能力是需要在长期的实践过程中不断积累起来的。

同时，与美国等西方发达国家相比，我国的股权投资行业还不成熟，在运行机制和专业人才等方面还存在着一定的差距。因此，应充分借鉴美国等发达国家股权投资行业的运行方式，学习借鉴美国等发达国家股权投资基金运作模式，培养出本土化高水平的专业化人才队伍，并结合我国实际情况，促进我国股权投资行业的健康发展，从而有效地推动我国的经济发展和社会进步。

参考文献

［1］ Barry, C., Muscarella, C., Peavy, J., Vetsuypens, M., The Role of Venture Capital in the Creation of Public Companies: Evidence from the Going – Public Process, Journal of Financial Economics, 1990, Vol. 27: 447 ~ 471

［2］ Bloom, N., Sadun, R., Reenen, J. V., Do Private Equity Owned Firms Have Better Management Practices? The Global Economic Impact of Private Equity Report, 2009

［3］ Gibbons, R., Murphy, K., Optimal Incentive Contracts in the Presence of Career Concerns: Theory and Evidence. Journal of Political Economy, 1992, Vol. 100, No. 3: 468 ~ 505

［4］ Gompers, P., Grandstanding in the Venture Capital Industry, Journal of Financial Economics, 1996, Vol. 42: 133 ~ 156

［5］ Jensen, M. C., Meckling, W. H., Theory of the Firm: Managerial Behavior, Agency Costs and Ownership Structure, Journal of Financial Economics, 1976, Vol. 3, No. 4: 305 ~ 360

［6］ Kreps, D., Milgrom, P., Roberts, J., Wilson, R., Rational Cooperation in the Finitely Repeated Prisoners' Dilemma, Journal of Economic Theory, 1982, Vol. 27: 245 ~ 252

［7］ Megginson, W. L., Weiss, K., Venture Capitalist Certification in Initial Public Offerings, Journal of Finance, 1991, Vol. 46: 879 ~ 903

［8］ Spence, A. M., Market Signaling: Informational Transfer in Hiring and Related Screening Processes, Cambridge: Harvard University Press, 1974

［9］ Thompson, R. C., The Influence of Venture Capital Funding on Firm Performance and Time to Initial Public Offering, Dissertation for Ph. D. Degree, University of Colorado, 1993

［10］ Wright, M., Thompson, S., Robbie, K., Venture Capital and Management – Led, Leveraged Buy – Outs: A European Perspective, Journal of Business Venturing, 1992, Vol. 7, Issue 1: 47 ~ 71

［11］ 曹和平主编. 中国私募股权市场发展报告（2010）. 北京：社会科学文献出版社, 2010

［12］ 曹珺. 我国政府引导基金存在的主要风险及成因分析. 经济研究参考, 2011（30）

［13］ 陈友忠, 刘曼红, 廖俊霞. 中国创投 20 年. 北京：中国发展出版社, 2011

[14] 成思危主编. 中国风险投资年鉴. 北京：民主与建设出版社，2010

[15] 窦炜，刘星. 债务杠杆、所有权特征与中国上市公司投资行为研究. 经济与管理研究，2011（2）

[16] 冯彬主编. 风险投资导论. 上海：上海财经大学出版社，2007

[17] 冯中圣，沈志群主编. 中国创业投资行业发展报告 2011. 北京：中国计划出版社，2011

[18] 郭泓，赵震宇. 承销商声誉对 IPO 公司定价、初始和长期回报影响实证研究. 管理世界，2006（3）

[19] 何小锋主编. 资本：名家谈 PE. 北京：中国发展出版社，2011

[20] 黄超惠. 产权市场——风险投资退出的主渠道. 产权导刊，2007（9）

[21] 黄俊辉，王浣尘. 创业板市场的 IPO 研究. 财经研究，2002（2）

[22] 黄嵩，魏恩道，窦尔翔. 私募股权基金的运作机理与价值创造. 改革与战略，2011（4）

[23] 蒋健，刘智毅，姚长辉. IPO 初始回报与创业投资参与——来自中小企业板的实证研究. 经济科学，2011（1）

[24] 李宁公司的融资之路. 国际融资，2009（5）

[25] 李强，田常浩. 我国 A 股股票首次发行上市初始回报的实证研究. 工业技术经济，2003（3）

[26] 李昕旸，杨文海. 私募股权投资基金理论与操作. 北京：中国发展出版社，2008

[27] 李万寿. 创业资本引导基金：机理、制度与中国视野. 北京：中国财政经济出版社，2006

[28] 刘曼红，胡波. 风险投资理论：投资过程研究的理论发展和前沿. 国际金融研究，2004（3）

[29] 刘曼红，Pascal Levensohn. 风险投资学. 北京：对外经济贸易大学出版社，2011

[30] 刘玉灿，涂奉生. 对中国 A 股市场新股初始回报的分析与研究. 系统工程学报，2004（1）

[31] 刘媛媛，黄卓，Edison Tse，何小锋. 中国上市公司股权结构与公司绩效实证研究. 经济与管理研究，2011（2）

[32] 田增瑞. 中国创业投资机构组织形式的选择. 经济体制改革，2002（2）

[33] 熊永生，刘建. 创业资本运营实务. 成都：西南财经大学出版社，2006

[34] 徐玖平，陈书建. 不对称信息下风险投资的委托代理模型研究. 系统工程理论与实践，2004（1）

[35] 叶有明. 股权投资基金运作——PE 价值创造的流程. 上海：复旦大学出版社，2009

［36］余嘉明，刘洁．估值调整机制 PE 投资中的激励与约束工具．商业时代，2010（35）

［37］俞颖．核准制 IPO 初始收益率实证研究．生产力研究，2004（10）

［38］张东生，刘健钧．创业投资基金运作机制的制度经济学分析．经济研究，2000（4）

［39］张玉臣．创业投资管理．上海：同济大学出版社，2005

［40］庄文韬．经济增长、竞争力与财富政策——私募股权投资的经济学视野．厦门：厦门大学出版社，2009

后　记

在本书即将付梓之际，我感慨万千。本书源自我的博士论文，书稿完成之时，我的博士生涯也即将结束。五年前初来燕园的情景，还记忆犹新，转眼间，竟到了要说分别的时刻，离愁别绪在心底蔓延开来。这五年的博士生涯，是我一生宝贵的财富，在这期间，我得到了很多人无私的帮助和支持，在此向他们表示最诚挚的谢意。

感谢我的导师何小锋教授，何老师不断指引着我前进的方向，关注着我的成长。永远也不会忘记，每一次学术讨论中，何老师的谆谆教诲和悉心指导；永远也不会忘记，无论在学习还是生活上，每当我遇到困难或感到迷茫时，何老师的鼓励与帮助；永远也不会忘记，在斯坦福大学访学期间，何老师和师母一起去看望我的情景和关切的话语……五年来，我取得的每一点进步都浸透着何老师的心血和付出。何老师是我一生的恩师，感激我的导师何小锋教授。

感谢美国斯坦福大学管理科学与工程系 Edison Tse 教授和 Yinyu Ye 教授，斯坦福大学经济系 Han Hong 教授，斯坦福大学经济系博士研究生黄卓博士（现北京大学国家发展研究院中国经济研究中心助教授），我在斯坦福大学访学期间以及归国以后，他们都给予了我无私的指导和莫大的帮助，由衷地感激他们。

在本书即将出版的时刻，我要衷心地感谢北京大学经济学院的每一位老师。老师们渊博的学识、严谨的学风、诲人不倦的奉献精神，我将铭记于心，终生受益。我的博士生涯中，老师们给予了我很多指导和帮助，我的点滴进步，都凝聚着他们殷切的期望。

感谢赛伯乐（中国）投资基金资深合伙人、中投联合产业基金创始合伙人尚选玉博士，他对 PE 有着深入的见解和成功的实际操作经验，多次与尚总的交流，让我受益颇多。在此，向他表示最诚挚的谢意。

感谢我的同门、同学，我们探讨学术，交流思想，共同成长。他们的支持与鼓励，让我顺利完成这本书的撰写工作。感谢我的父母、家人和朋友，感谢他们对我永远不变的支持和鼓励，激励我不断前进，实现自己的理想。

感谢中国发展出版社的尚元经老师、李莉老师、吴倩老师、陆淼老师，正是他们的辛勤工作，才使得这本书得以顺利问世。

感谢给予我方方面面支持的师长、同学、朋友、亲人，你们给予我的支持和帮助我永远不会忘怀。

刘媛媛

2012 年 6 月于北京大学未名湖畔